D1809881

食べものは噛まずに呑む
アフリカ
撮影―大村次郷

●―セネガル料理の代表チェブ・ジェン。男性たちのグループ、女性と子供たちのグループとに分かれて食べる。手（必ず右手）で食べる人、スプーンを使う人が見られるが、スプーンの使用は八〇年代の後半ぐらいから普及した。

❶—米に混じった砂粒などを選りだす。手の空いたお年寄りがすることが多い。

❷—市場での魚選び。チョーフと呼ばれる魚が最高級とされるが、高価だ。

❸—米は必ず蒸してから炊く。金属製の甑が使われる。

❹—魚の内臓を取り出し、そこにパセリ、唐辛子、ニンニクなどを詰め込む。

❺—まず油で魚を揚げて、そこに水、トマトペーストを加え、野菜を煮込む。

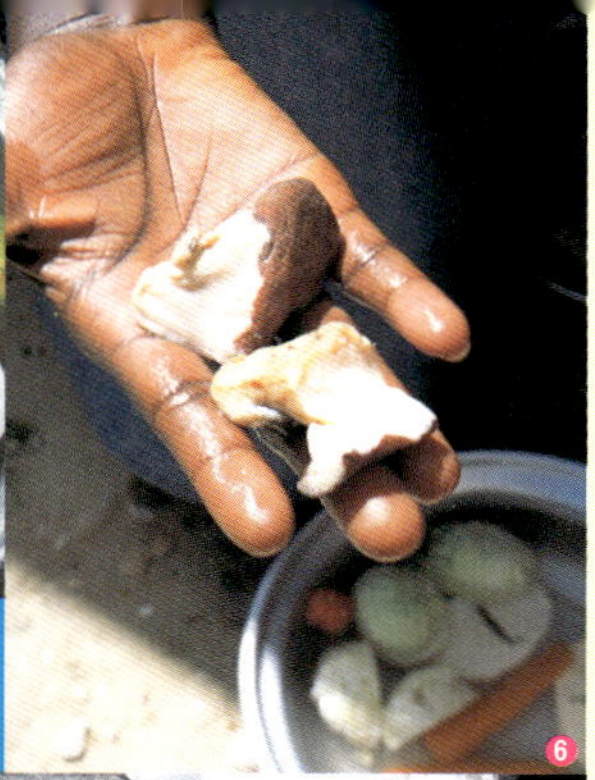

⑥—イェットと呼ばれる貝の干物。強い臭みを発するが独特の味わいがある。

⑦—セネガルでよく食べられる野菜。大根、カボチャ、キャベツ、ジャハトゥなど。

⑧—出来上がったチェブ・ジェン（魚ご飯）の盛り付け。一家の主婦の仕事である。

⑨—チェブ・ジェン。米は破砕米である。粒の小ささが味わいを増す。

⑩—食後のお茶。普通は男性が淹れることが多い。緑茶を煮出し、大量の砂糖を加える。

⑪—セネガル、ダカール市のスンベジュン市場。小さな漁港と市場が直結している。夕方五時頃から店が開き始め、夜九時過ぎまで営業している。魚が新鮮なのはいうまでもない。

⑫—肉屋さん。魚屋さんには女性が多いが肉屋さんは男性だ。
⑬—マメ科植物の種を醗酵させた「アフリカ風の味噌」。ネテトゥという。
⑭—「マーフェ」を作るための落花生ペーストを水で溶く。
⑮—セネガル料理には油が多く使われる。肉を炒める。

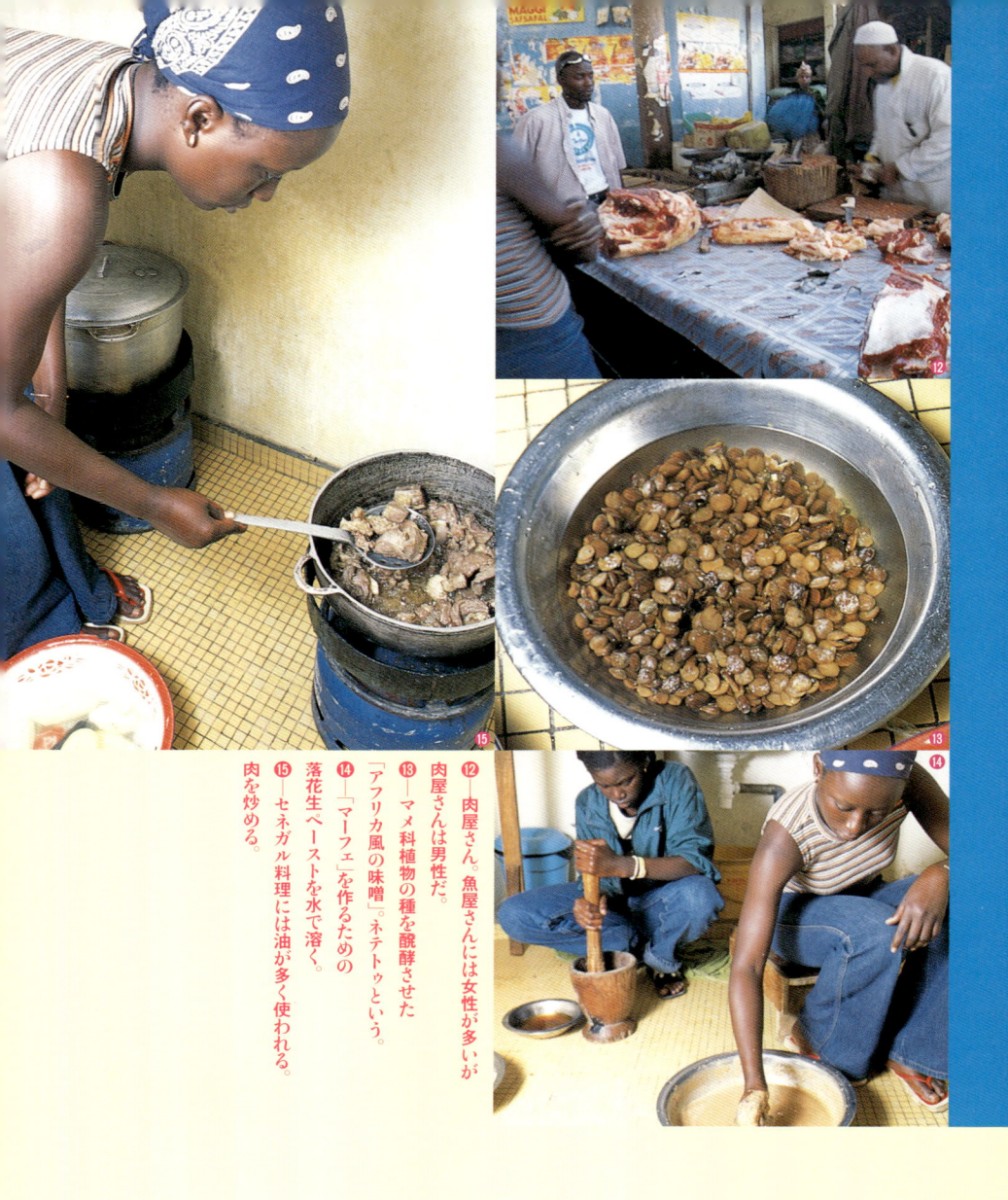

⑯—白いご飯に落花生をベースにした肉野菜入りソースをかけていただくマーフェ。
⑰⑱⑲—「伏木法」による木炭作り。木炭材料としてはマンゴー樹を使う。木を集め、火入れし、木炭が出来上がるまでに四日ほどかかる(本文を参照)。

⑲

⑱

⑰

⑳―大鍋を用いて一時に大量の料理をする。
㉑―村の生活では井戸がひとつの中心になる。

世界の食文化——⑪

アフリカ

——小川 了

目次

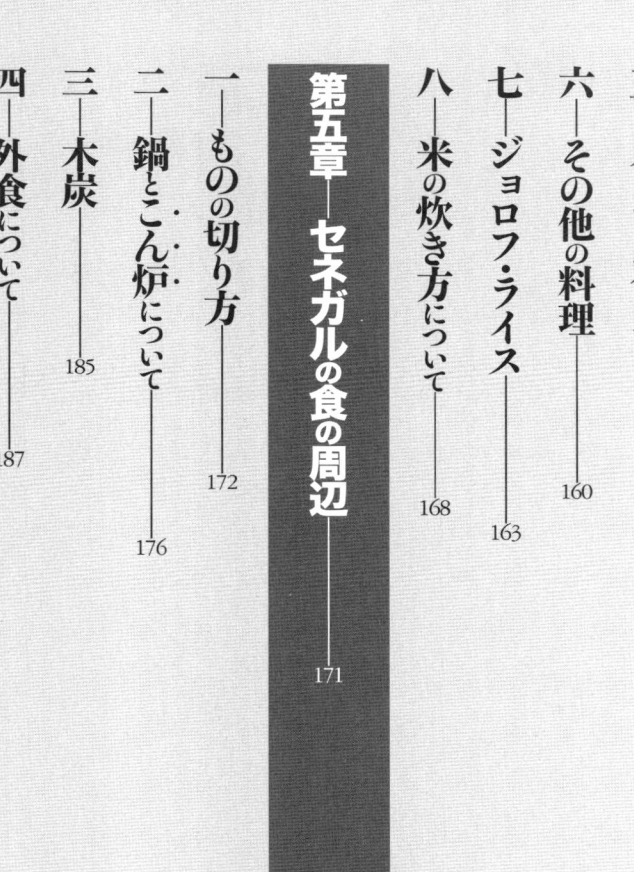

第八章―狩猟採集民の食―245

はじめに

【アフリカ略図】

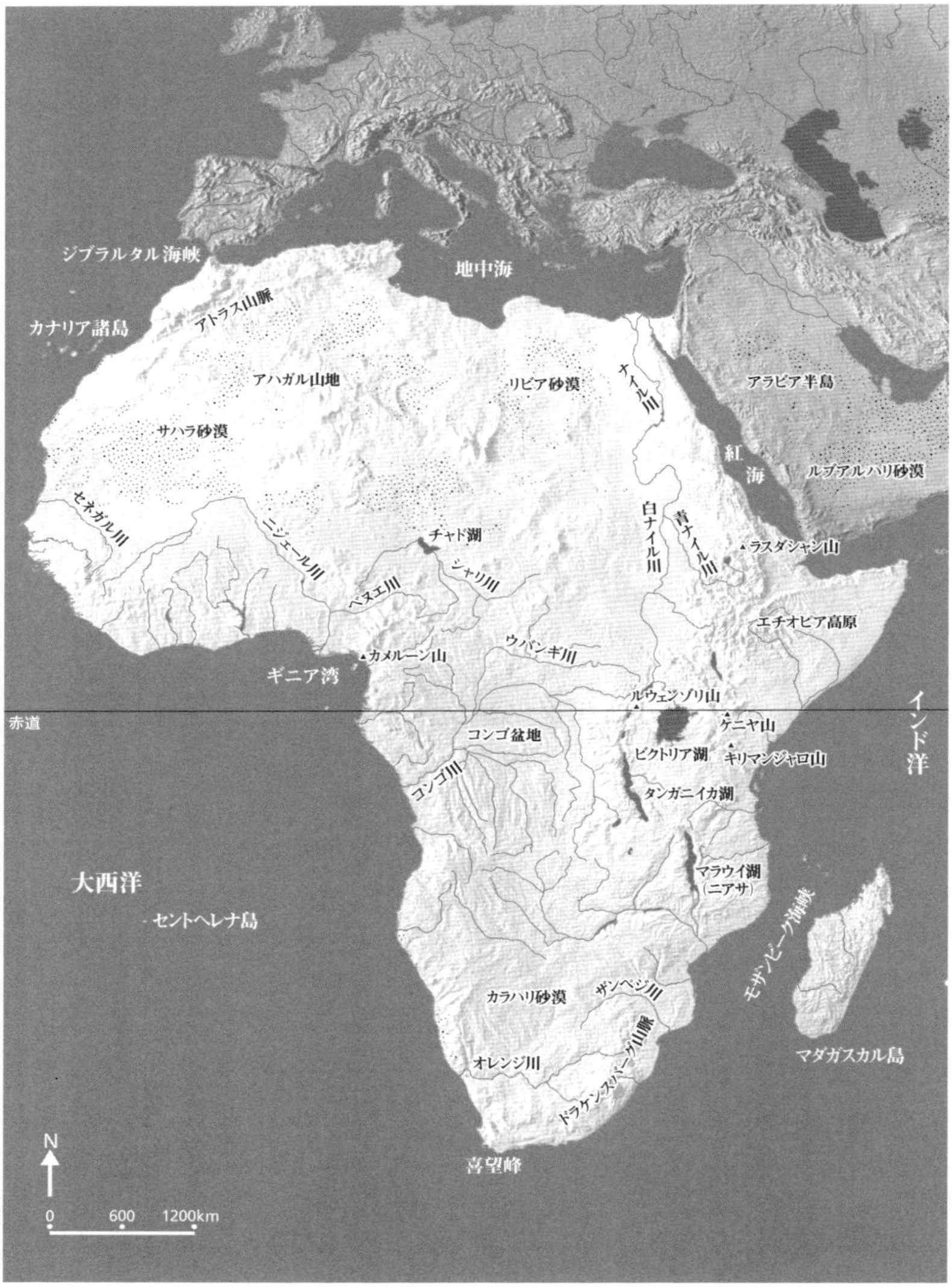
ジブラルタル海峡
地中海
カナリア諸島
アトラス山脈
アハガル山地
リビア砂漠
ナイル川
アラビア半島
サハラ砂漠
紅海
ルブアルハリ砂漠
セネガル川
ニジェール川
白ナイル川
青ナイル川
チャド湖
ラスダシャン山
シャリ川
ベヌエ川
エチオピア高原
ウバンギ川
カメルーン山
ギニア湾
ルウェンゾリ山
インド洋
赤道
ケニヤ山
コンゴ盆地
ビクトリア湖
キリマンジャロ山
コンゴ川
タンガニイカ湖
大西洋
マラウイ湖
(ニアサ)
セントヘレナ島
モザンビーク海峡
カラハリ砂漠
ザンベジ川
ドラケンスバーグ山脈
マダガスカル島
オレンジ川
喜望峰
N
0
600
1200km

アフリカの人々は日常的にどういった食品を、どのように調理して食べているのだろう。味に微妙な差をつける調味料としてはどのようなものがあるだろう。料理の道具として、これこそがアフリカの食文化に必需のものだとしてアフリカを特徴づけるものがあるのだろうか。また、それらの道具の使い方は私たちが一般に考える方法と同じなのだろうか。食事の作法は私たちのそれとどのように共通し、逆にどう違っているのだろう。

そういったことを私は本書において記そうとしている。

とはいえ、これは事実上は無謀というより、ほとんど不可能に近いことだ。アフリカの人々全般にわたる食事の内容、食文化のあり方を一冊の本で記そうというのは、大航空会社が飛ばしているジャンボ・ジェット機だけに頼ってアフリカ各地の料理を訪ね歩くことに近いだろう。ともかく大型ジェット機が着陸できる土地の食事だけは何とか食べることができる。しかし、少し離れた町や村の名物料理は食べずに素通りしなければならないし、そういう名物料理があることさえ知らずに次の飛行機に乗り継いでしまうことが多々あるに違いない。首都から離れた土地の人々が何を、どのように食べているのかを知ろうとすれば、それぞれの土地で運営されている小さな会社が飛ばす小型飛行機に乗り継いだり、タクシー・ブルッス（アフリカ各地で見られる乗り合いの長距離タクシー）に乗り換えて旅を続けなければならない。「真実は細部に宿るのだけど」などと独りごちつつ、まぁあきらめるしかないなと舌打ちすることになる。

ここで私にできることは無理を承知の上で、しかも私に可能な範囲で、一つの試みを実行することだ。

多様性の大陸であるアフリカの食事について、一方でその多様さ、かつ豊かなありようを多少なりとも知ること、そしてその上で多様性の根元に「アフリカの食」として共通な要素があるのかどうかを探ること、それが一つ。さらには、できればジャンボ・ジェット機から小型機、さらにタクシー・ブルッスに乗り換えて、地方部にも出かけてみよう。そうすることで都市住民の食事のあり方とは異なる面を見せる地方住民の食事についても調べてみたい。とはいえ、私個人であの広いアフリカ大陸のあちこちの料理をすべて調べることなどはできない相談であり、ここでは多くの研究者、旅行者などの報告を参照させていただく他はない。まことに多くの方々の報告にお世話になるはずである。

そして、三つめの試みとして、私自身がわりとよく知っている地域、つまりセネガル人の食事についてできるだけ詳しく記すこと。当然、そこでは「セネガルの食」としての特質が描かれることになるだろうが、それはアフリカの食全般をよりよく理解する一助になるかも知れないからである。ここに記した三つの方法を通して、「アフリカ人の食事」一般についてなるべく偏りのない見方を提供すること、このことを念頭において仕事を進めていこう。(本書で「アフリカ」という時、それはサハラ以南のアフリカの国々を指し、したがって地中海に面した国々は含まれない。ただし、「アフリカ大陸」という時は大陸全体を指す。)

一―アフリカ大陸の大きさ

アフリカ大陸の広大さ、その自然環境が多様であること、したがってそこに暮らす人々の生活のありようが多岐にわたること、これはもう今さら記すまでもない。面積の広大さをもとに自然環境、社会環境の多様

アフリカの同心円図と植生分布図

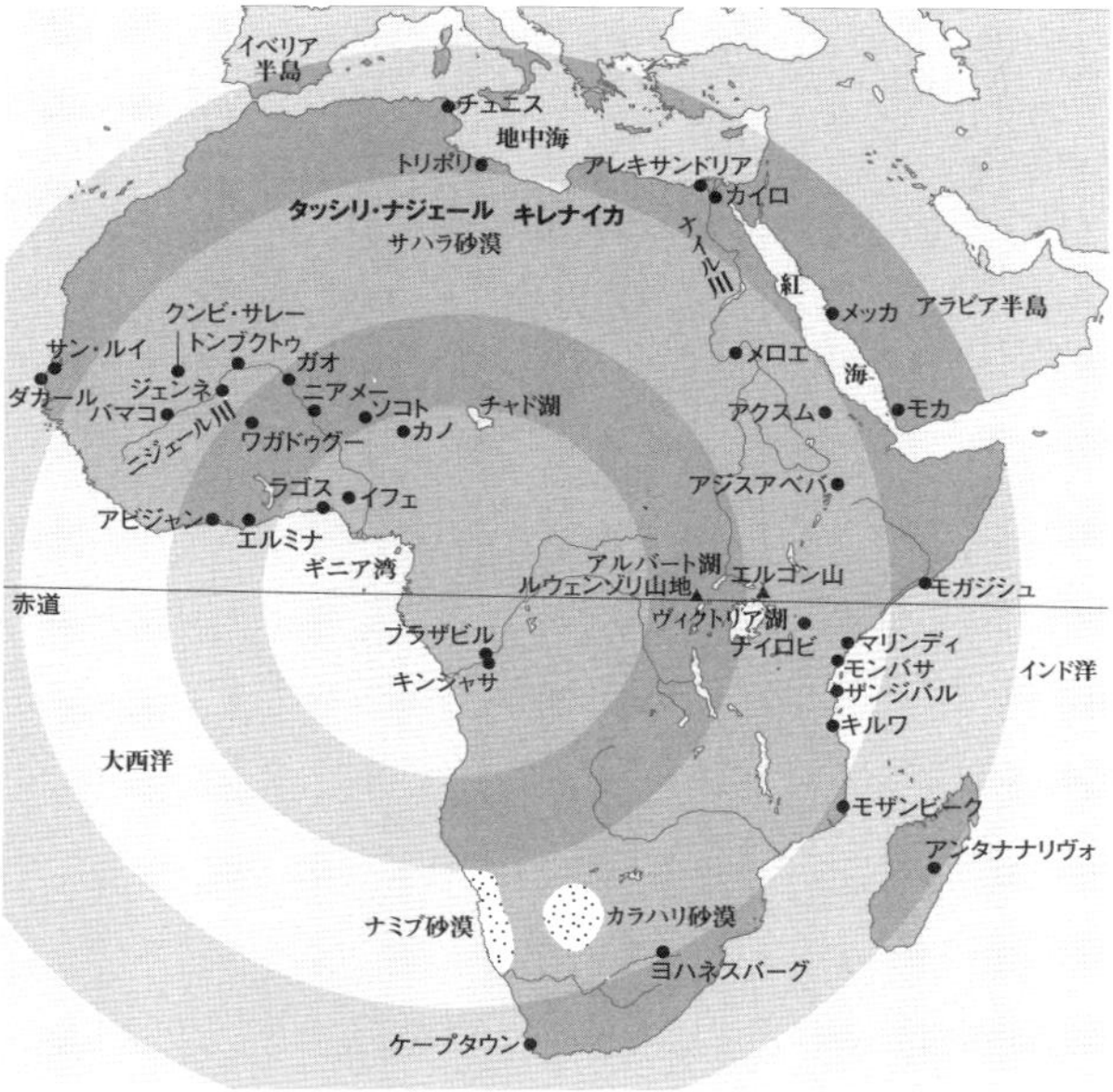

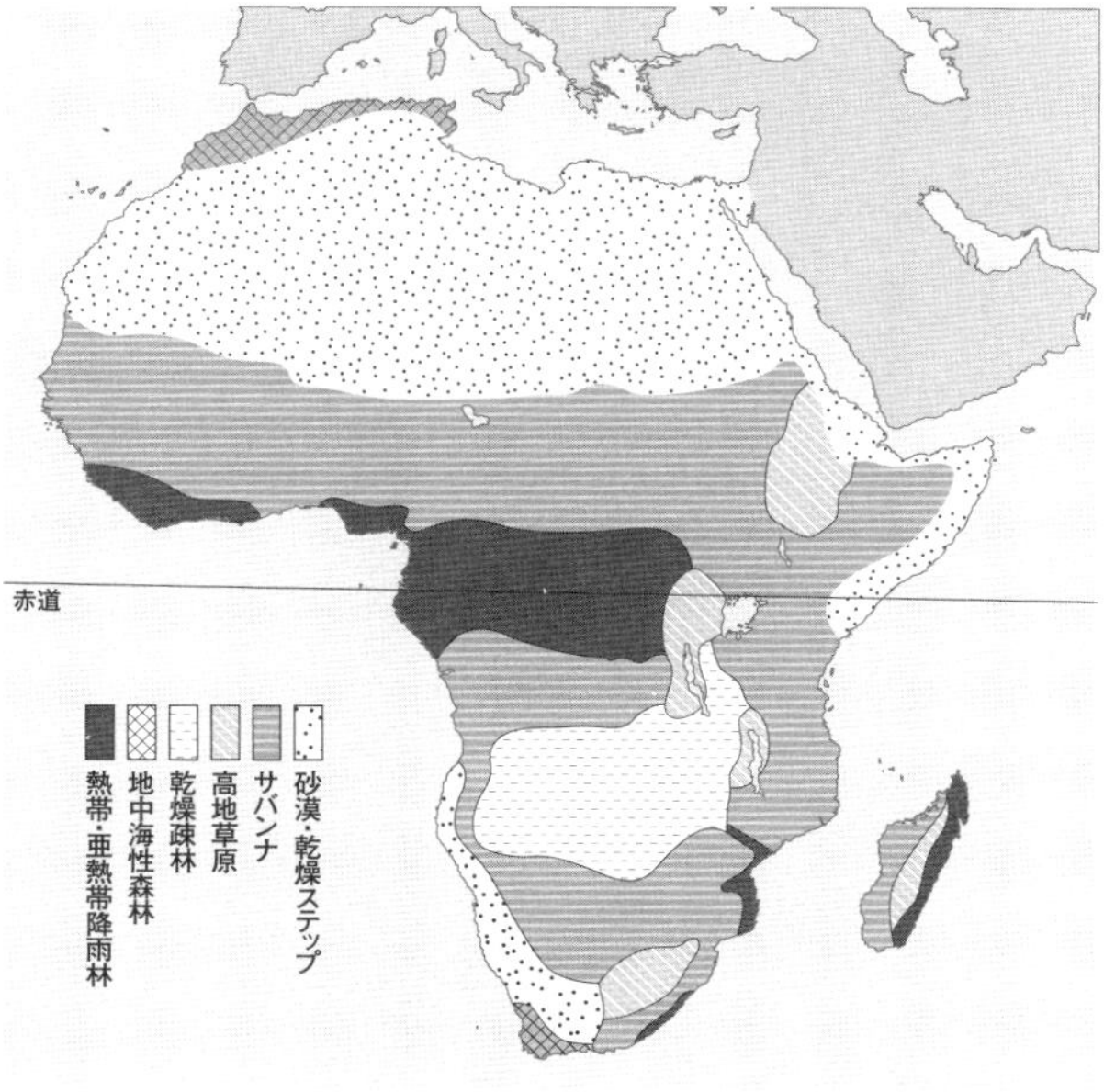

川田順造『アフリカ』(「地域からの世界史９」)　朝日新聞社　1993年による

さを想像していただくために敢えて記すと、南米のブラジルは日本の国土面積の約二二倍半もある大きな国だが、アフリカ大陸はそのブラジルの面積の約三倍半にあたる。この広大さを直接日本の面積に引き比べると八〇倍強にもなる。こうしてみるとアフリカ大陸がいかに大きいか実感されるだろう。そこには広大な砂漠がある。砂漠は北部のサハラが最大であり(サハラだけで日本の面積の二四倍もある)、これは誰でも知っているが、南部にはカラハリ砂漠、ナミブ砂漠がある。砂漠の周囲には降雨は多くはないが季節によっては農耕も可能なサバンナ地域が広がる。そして大陸中央部に集中する熱帯降雨林地域も広大である。

ここで、かくも広大で複雑に入り組んだアフリカ大陸の気候分布を大まかに理解し、頭に入れる方法として幾つかの同心円を描いてみる方法がある。赤道上、アフリカ大陸の西側、むしろ西海岸部に近い一地点を中心に四つの同心円を描いてみる。そうすると中央の円がほぼ熱帯降雨林地域にあたり、その次の円内のかなり広い範囲で半乾燥のサバンナが広がる。さらにその外側の円を見ると、その円内の北にはサハラ砂漠があり、南部に目を転ずるとカラハリ砂漠、ナミブ砂漠がここに含まれるのが分かる。そして、もっとも外周部の円を見ると、北には地中海が含まれ、ここは夏に乾燥し、冬に湿気が多い地中海性気候を特徴とするが、その地中海性気候は円のずっと南側(下側)の南アフリカ共和国あたりでも同様なのである。★1 ヨーロッパと接する地中海地域同様、南アフリカでも上等のブドウ酒が産出されていることを思い出していただきたい。

もちろん、これは図式的な理解の仕方であるから、実際の気候分布ときちんと重なるわけはない。たとえば同心円の中央部、熱帯降雨林に相当する部分のすぐ外側の円はサバンナ地帯に相当するはずだが、これは実際のサバンナ地域とはかなり位置を異にしている。それでもこの図はアフリカ大陸全体の気候分布を概念的に理解するのには大いに役立つ。特に、一番外側の円が地中海性気候帯を北と南で含み、その一つ内側の円には北にサハラ砂漠、南にカラハリ、ナミブという砂漠を含むことなど、強い印象として記憶に残る。中央部の熱帯降雨林地域については、少し注意が必要で、この中心円からだいぶ外れた西アフリカ・ギニア湾沿岸部のかなりの地域も熱帯降雨林になっている。

高低の差も無視できない。大陸全体として見ると低地帯が多いのは事実だが、気候的にはほとんど寒冷といってよいほどの高地部もある。当然、それぞれの地域に暮らす人々の生活様式、食物獲得の方法、栽培作物の種類、そして料理の仕方等は異なる。日本に暮らす私たちは「アフリカ人」として一括《ひとくく》りに考えがちだが、アフリカ各地を旅してみると地域によって人々の肌色も微妙に異なることに気がつくし、人々が話す言葉の響きに至ってはその土地土地で大いに異なることを知るだろう。言語についていえば、分類の仕方で数に多少の差はあるもののアフリカ大陸全体では一六〇〇から一八〇〇もの異なった言語が話されているというのである。

二―食文化の多様性

アフリカの自然と社会はかくの如く多様性を基本的特質とする。その食も多様であることはこれから順次見ていくが、まずは主食、言い換えると人々の日常的な基盤食料となっている食品が何であり、その各々の地域的な分布がどのようであるかを概観しておこう。

アフリカを全体的に見渡し、この大陸の人々が日常的に何を基盤食料としているかを見ると、大きく分ければ穀類、根茎、つまりイモ類、そしてバナナという三つのグループがあると言ってよいだろう。一般にミレットやソルガムなどと総称的に呼ばれることの多い雑穀類、そして米、あるいはトウモロコシ、シコクビエ、フォニオなど、いずれも粒を食べる穀類はサバンナ地域で多く見られる。ミレット、ソルガムという呼び名はいずれも英語であり、日本語では前者をトウジンビエといい、ソルガムはモロコシという。本書でもこれからはトウジンビエ、モロコシという呼称を使うようにしたい。

これらの穀類に対してマニオク、多くの種類があるヤムイモ、それにサツマイモなどの根茎を加工して食べる人々は主としてサバンナよりは雨量の多い熱帯地域の各地に多い。ただしサツマイモについては、アフリカではこれだけを主食にしている人々はいないと思われる。他の根茎類や、それに加えて雑穀など幾つもの栽培植物をもっている人々が、それらの主食品のうちの一つとしてサツマイモも取り入れているというケースが普通である。また、ここでマニオクというのは主にフランス語圏アフリカで使われている呼称であり、日本ではむしろキャッサバという名称の方がよく知られているかもしれない。学名をマニホット(Manihot)という事実もあり、本書ではマニオクという呼称で統一しておきたい。キャッサバという呼び方により親しみを感じる方はキャッサバと読み替えていただいて全く問題はない。

主食作物の第三のグループとしてバナナが挙げられる。ただし、主食としてバナナだけしか食べないということはなく、バナナをよく食べる人々はその他にもマニオクやサツマイモ、ヤムイモも食べるといったように、主食群が豊かな地域に暮らすことが多い。幾つかある主食品の中でも、とりわけよくバナナを食べる人々と理解していただきたい。

ところで、ここで述べるバナナであるが、日本で私たちが一般的にデザートやおやつとして食べるバナナのように甘みの強いものは主食にはならない。甘みは人間にとって多分もっとも大切にされる味だと思われるが、かといって常識的に理解されるとおり、あまりに甘みの強い食品は毎日の主食材料にはなりにくい。その点は、トウモロコシについても同様で、日本で私たちがよく食べる甘みの強いスイート・コーンは主食材料にはなっていない。甘みの薄い種類が主食になるのである。主食材料にされるバナナはプランテンと呼ばれる、いわゆる料理用バナナである。プランテンは芋のように煮たり、焼いたりして、柔らかくなったものをそのまま食べたり、搗いて団子状、餅状にして食べる。さらには、プランテンを乾燥させ、固くさせたものを搗いて粉にし、それを湯で練って団子状にして食べる人々もいる。私たちがなじんでいる甘いバナナを偲ばせるほのかな甘みがあるが、サツマイモの味を思わせせもする。

このバナナ食グループの一員として、エンセーテというバナナに似て、しかしバナナにあらずという特別な「バナナ」を基盤食料にする人々もいる。エチオピアのある地域に暮らす人々だけが特殊的に主食材料にしている。エンセーテ食については第六章に詳しく記すが、ひとまずここではエンセーテ食もバナナ食グループに含めておく。

料理用バナナは煮たり、焼いたり、あるいは乾燥粉を食品にすることを記した。ここでは穀類と根茎類について、もう少し詳しく記しておこう。

西アフリカのサハラ砂漠南縁地域一帯、サヘルと呼ばれる地域の年間降雨量は二〇〇ミリから五〇〇ミリ程度と決して多いとはいえない。しかし、この地域一帯がアラビア語で「岸辺、沿岸」を意味する語であるサヘルと呼ばれるのは、そこが広漠たる砂漠サハラを越えてやってきた人々にとってはやっと到達した人が住む里、砂の海を越えてたどり着いた岸辺のようにほっとするところであったからだろう。年間五〇〇ミリの降雨量があれば農耕は充分可能である。特に、雑穀と総称される数種の穀物は播種から収穫までの期間が三ヶ月から四ヶ月程度であり、その間に降雨が充分にあれば栽培可能となる。

西アフリカ、サハラ砂漠の南縁に帯状に広がるサヘルに対して、東アフリカの、国名でいえばケニア、タンザニアの沿岸部を中心にスワヒリ語が話されていることはよく知られている。この沿岸地域をスワヒリ地域とも言う。そして、このスワヒリがサヘルと同意語なのである。同意語というより、もっと正確には同一語の単数形と複数形の違いでしかない。アラビア語のサヘル（単数形）の複数形がスワヒリと発音される。もちろん、ここでの日本語表記はアラビア語での原音そのままとはいえないが、要するに共に「岸辺」を意味するアラビア語で命名されている。西アフリカのサヘルが砂の海であるサハラの「沿岸地域」であるのに対して、東アフリカのスワヒリは水の海に対する陸地沿岸である。

ここに挙げた二つの「岸辺」地帯、西アフリカのサヘル地域と東アフリカのスワヒリ地域が雑穀など穀物の粒を主に食べる粒食地帯と言ってよいだろう。西アフリカのサヘル地域一帯ではトウジンビエやモロコシ、所によってはフォニオが食べられており、東アフリカのスワヒリ地域ではトウモロコシ、モロコシ、そしてシコクビエが主に食べられている。

雑穀の食べ方として、多くは木製の臼と杵で搗いたり、サドルストーンという石臼で挽いたりして粉にし、それを蒸す、ないし湯で練り、固めのお粥か、やわらかめの餅のようにし、スープや肉、野菜の具とともに食べる。

さて、アフリカでの米(稲)であるが、栽培種としては二種類あり、一つはアジアに多く栽培される「アジア稲」(*Oryza sativa*)、もう一つが「アフリカ稲」で、つまりアフリカ原産の稲である。

アフリカ原産の米はグラベリマ米(*Oryza glaberrima*)と呼ばれる。ニジェール川中流部の大湿地地帯を起源とするらしいが、ギニアやセネガル南部のカザマンス地方などでも多く栽培された。西アフリカ一帯、中央アフリカ共和国あたりまで栽培されている。[★2]現在ではアジア型の稲が各地に導入され、それに押される傾向が強いようであるが、それでもグラベリマ米の栽培が完全に放棄されているわけではない。グラベリマ米は雑草との競り合いに強く、深水、旱ばつ、病害などへの抵抗性が大きく、さらに栄養価に優れ調理した飯の品質保持がよいといった利点があるという。[★3]私自身、かつてセネガル南部カザマンス地方に暮らすバランタ人の村でグラベリマ米のご飯をいただいたことがある。味付けせずに水で炊いた白いご飯に、川で獲れた小魚の煮汁をかけただけの簡素なご飯であったが、米そのものに甘みが強く、とてもおいしく食べた。毎日、それを食べて飽きなかった。セネガルの北部、中央部地域の人々は、カザマンス地方で稲作をする人々をややからかいを込めてであろう「米食い」と呼ぶことがある。白米さえあれば、それで満足する人々という意味である。しかし、実際に食べてみてよく分かったのだが、この米は味わい深い。

米について、アフリカ大陸の東海上に位置する巨大な島マダガスカルでは非常によく食べられていること も註記しておこう。マダガスカルには古来、多分紀元が始まる頃からインド、インドネシアなど南、及び東南アジアからの人々が海流を利用して到来していたらしい。米は彼らによってマダガスカルにもたらされた。したがって、ここで食べられている米はアフリカ原産のグラベリマ米ではなく、アジア原産の米である。

もう一つ註として記しておきたいが、雑穀類、米類ともにそれを食べることを粒食と記してきた。アフリカでは米は確かに粒状で食べられ、粉にされることはないようだ。しかし、雑穀については木臼で搗いたものにせよ、サドルストーンで挽いたものにせよ、粉状にしてから固めの粥にしたり、餅状、団子状にして食べる。したがって、これらについては粒食というより粉食という方が正確であろう。

さて、最後に根茎類であるが、アフリカでの根茎食物といえばまずヤムイモがある。それにマニオクもよく食べられている。ヤムイモはアフリカにおいて五千年以上も前から栽培されていたといい、種類もおよそ四〇種と多くある。アフリカ大陸中央部の熱帯降雨林地域、そして西アフリカ・ギニア湾岸地域でよく食されている。大陸中央部で食べられているヤムイモに限ってみても一五種ほどもあるという。また、栽培ヤムイモはマニオクに比べるとずっと栄養に富み、蛋白含有量も多いという。★4
ヤムイモにせよ、マニオクにせよ有毒なものがある。有毒のイモをそのまま食べると激しい下痢を起こすのみならず、命にかかわるほどの危険なことも起こりうる。有毒イモについては煮たり、すり下ろして水にさらしたり、あるいは二度煮したりして毒を抜いて食べなければならない。

ヤムがアフリカにおいてずいぶん古くから栽培されていたのに対し、マニオクの栽培の歴史は新しい。マニオクはもともと南米原産でアフリカには一六世紀末にポルトガル人が現在のブラジル地域からもたらしたものらしい。コロンブスが西アフリカを経て北米カリブ地域の島に至ったのが一五世紀末（一四九二年）、その後間もなくスペイン、ポルトガルはアフリカ大陸からカリブ諸島、南北アメリカ大陸に向けて労働力としての人間を移送し始めた。ヨーロッパ諸国によって約四〇〇年もの間続けられた奴隷交易である。

ポルトガルは奴隷交易の初期にあって、アフリカからアメリカに向けて奴隷を送る際、大西洋を渡る船内での奴隷たちの食料として利用するためにブラジルからマニオクを西アフリカにもたらしたのである。マニオクは奴隷交易の副産物としてアフリカにもたらされたのだ。一六六六年にはすでに現在のアンゴラ地域の住民の主要食料として栽培されていたという記録があり、マニオクはアフリカにもたらされるとすぐに各地の住民に栽培されるようになったことが分かる。

マニオクは栄養繁殖で増えるが、種芋を切って地面に差し込むやり方ではなく、木の枝を利用する。二〇センチ内外に切った枝を地面に置き、軽く土をかぶせておけば根付く。耕作はアフリカの多くの土地で年中いつでも可能なようである。収穫までいろいろ手のかかる作業を必要としない。労働投入量は少なく、かつ収量が多いということでたやすく受け入れられたというのが一般的な説明である。★5後に更に詳しく述べるが、地域によってはマニオクは導入されてから比較的、短期間のうちに大量に耕作されるようになっている。一方で、一九世紀末になってからマニオク栽培が急速に増加している地域もある。これにはヨーロッパ諸国が植民地化を本格化する過程で、現地人向け食料として栽培を奨励したという事実が関わっている。この点についても後に詳述する。

マニオクにも有毒のものと無毒のものがあり、毒抜きが必要であるが、その方法や料理法などについては後に詳述する。ここでは一つの逸話を記しておこう。一九世紀、ブラジルで解放された奴隷がラゴス（現ナイジェリアの主要都市）に連れ戻されたということがあった。その時、この人は無毒のマニオクではなく、有毒マニオクを持ち帰った。彼は有毒マニオクの毒抜き法を知っており、無毒マニオクより有毒マニオクのほうが収量が多いことも知っていて、敢えて有毒マニオクを持ち帰ったのだという。一九世紀にマニオク栽培が急激に増えたことについては、このように個人の功績も関わっていたということは興味深いことである。★6

◉**註**

★1—米山俊直『アフリカ学への招待』NHKブックス、日本放送出版協会、一九八六年、三一—三四ページにアフリカの気候区分を同心円を用いて把握する方法が記されている。ただし、そこでの同心円の中心の位置は私の説明とは少し異なっている。

★2—F. Busson, *Plantes alimentaires de l'Ouest africain. Etude botanique, biologique et chimique*, Ouvrage publié avec l'aide: du Ministère de la Coopération, du Ministère d'Etat chargé de la Recherche Scientifique et Technique, et du Ministère des Armées, France, 1965, p.468.

★3—小島道也・伊東正編著『食べ物の科学　穀物・野菜・果物』NHKブックス、日本放送出版協会、一九八三年、五二ページ。

★4—Annette Hladik and Edmond Dounias, Wild Yams of the African Forest as Potential Food Resources, In *Tropical Forests, People and Food. Biocultural Interactions and Applications to Development*, C. M. Hladik, A. Hladik, O.F. Linares, H. Pagezy, A. Semple and M. Hadley (eds.), Paris, UNESCO and the Pantheon Publishing Group, 1993, p.164.

★5—例えばArmin Prinz, Ash Salt, Cassava and Goitre: Change in the Diet and the Development of Endemic Goitre among the Azande in Central Africa, In *Tropical Forests, People and Food. Biocultural Interactions and Applications to Development*, C. M. Hladik, A. Hladik, O.F. Linares, H. Pagezy, A. Semple and M. Hadley (eds.), Paris, UNESCO and the Pantheon Publishing Group, 1993, pp. 340-341 を参照。

★6—Paul Richards, *Indigenous Agricultural Revolution. Ecology and Food Production in West Africa*, Colorado, Boulder, Westview Press, 1985, p.19 を参照。

第一章――アフリカの食の特質

本書冒頭において、一口にアフリカといっても、自然環境はもとより、人々の生活様式、そしてそこでの食のあり方は多様であることを強調した。しかし、アフリカの食を全体的に見渡してみて、ある程度「共通している」といえる特徴、特質はないだろうか。

私が見るところでは、幾つかの例外はあるものの「共通している」といって、まず誤りではないと思われる事項が三つある。アフリカの食に見られる三つの特質、特徴的事柄、それは何か。この第一章ではそれらについて検討することを通して、アフリカ人の食事についてまず全般的な見通しを立ててみたい。ここで述べる三つの特質に照らし合わせての「例外」は、これもまたその例外性ゆえにかえってアフリカの食のあり方を逆照射することになるであろう。

一——主食と副食

一般にアジア諸国の食事では主食物と副食物がはっきり区別されて存在しているといわれる。副食をより日常的な言葉で言い換えると「おかず」である。「おかず」は漢字では御数と書くのだそうで、もとは宮中の女《にょう》房詞《ぼうことば》だというから一種の隠語であるが、要は数を取り揃えるものという意味であろう。つまり、あれこれと数を取り揃え、主食であるご飯をよりおいしく、かつより多く食べられるようにという機能を持つものということだ。

主食となるのは澱粉性の食品で、米や麦などの穀類、あるいはイモということになる。★1かつて平安朝から鎌倉期、さらには江戸期の日本において、人は一回の食事に二合から二合半ものご飯(米)をわずかの菜(おかず)で食べたのだという。江戸期どころではない。それよりずっと後の時代の宮沢賢治も「一日ニ玄米四合ト、味噌ト少シノ野菜ヲタベ」と謳っているぐらいだ。一汁三菜などといえば聞こえはいいものの、その菜たるやごくわずかのものが小さな皿に盛ってあるだけで、それはとりもなおさず大飯を食べるための付け合せだったようだ。菜(副食)には食欲刺激剤としての役割しか与えられていなかったらしいのだ。

それに引き比べると、西欧諸国の食事にも確かに「ステープル・フード」という言葉があるにはあるが、これは単に「主要なる食物」という意味であって、われわれ日本人が考えるような主食とは別物だ、というのが食の専門家の教えるところである。欧米の食生活においても澱粉食や穀物食はもちろんあるのだけれど、主食なるものは存在しないというのである。そのことの例として、食物史の碩学篠田統氏は一九六〇年代初めごろと思われるアメリカ、シカゴの学生食堂の食事内容を示しておられる。

「パンがあり、ポップコーンがあり、なにやら粉製品も見えるが、そのいずれもが『主食』だとは義理にも言えない」と述べておられる。要するに穀物、野菜、蛋白質食品がみなそれぞれ同じウェイトで並んでいるというわけだ。そう記した上で、篠田氏は慷慨している。「わが国の学生食堂の大きな丼飯と塩からい沢庵漬、アジだかサバだかの小さな切身と大根の煮付けという献立と比べて見るがよい★2」。

篠田氏の日米食事比較は今から四〇年ほども昔のことである。今の日本の大方の学生食堂ではこんなことはない。それに、アジもサバも今や「高級魚」であって、「アジだかサバだかの」などと表現されるようなものではない。さらに沢庵漬も(梅干も塩ジャケも)かつてほどの塩辛さはなくなった。それに米(ご飯)の消費量自体がずっと減少しており、お役所が音頭をとってもっと米を食べましょうと奨めているぐらいだ。米の銘柄に「小町」や「ミルキークイーン」といったものが登場するのも、何とかして米の消費量を増やして欲しいという意思の表れかと思われる。

とはいえ、今でも確かに私たちの日常の食事が主食と副食とで成り立っているのはまず間違いのないところだ。ちなみに、欧米人にとって米は明らかに「野菜」の部類に属するものとして認識されているが、私たち日本人にとっては「米は野菜だ」といわれると、何か違和感を覚えずにはいられない。それは、私たちの意識の中には、野菜とはとりもなおさず米(ご飯)をよりおいしく食べるための「おかず」になるものだという認識があるからである。主食である米と、おかずになる野菜とは別のものだという認識がある。しかるに、米を主食にしているわけではない多くの西欧人にとって、米は多くの食品中の一つであるに過ぎないから、米は大地に実るものとして「野菜」の一種でしかない。それに「野菜」という日本語の言葉自体が「葉っぱ」を思わせることも、私たちに米粒は野菜とは違うと思わせる一因になっているだろう。

私たちにとっての米は主食の中核をなしている。もっとも、会席料理など特別の食事は別である。特別の食事では「飯」は、食事の最後あたりにほんの少しだけ出てくる。この事実を見る限り、会席料理においては米(ご飯)は多くの食品のうちの一つという位置しか与えられていないようだ。それでも、そのほんの少しを食べないと、どうもお腹の収まり具合が悪いように感じるのは、日ごろの食事で「飯」をしっかり食べることに慣れ親しんでいるからこそであろう。

篠田氏は日本人がめっぽう権威に弱いのは米という主食にばかり頼る食生活がその基本にあるからだと

述べ、日本的主食概念を一日も早く「抹殺し」、日々の食事摂取においても「絶対」なるものに頼らず、数多くの食品が身体を作り上げるようになって欲しいと、相当の諧謔を込めて記しておられる。★3

それから約三〇年、現代の日本人の食生活を見ると、篠田氏の願望は相当程度にかなえられているのではないだろうか。主食概念は私たちの食生活に今も確かに残り、大方の日本人が米を日々食べはするが、その絶対量ははっきりと減少し、その減った分については多分、世界にも類を見ないほど数多くのヴァラエティに富んだ「おかず」を食べている。その一方で、逆に欧米の食事には篠田氏がアメリカの学生の食事を観察したときに比べると、もっと多くの澱粉質食品が取り入れられるようになっているのではないだろうか。いわゆる、「日本風の食事」が健康志向の観点から欧米の多くの国で奨められているように思う。

それにヨーロッパ諸国ではかつてから小麦、ないしジャガイモをずいぶんたくさん食べる人がいるのも事実だと思う(ただし、それを主食といわないのも事実であるが)。敢えて付記しておくが、私個人としては主食と副食の区別が消滅していくことが篠田氏があれほど強調されるほどに良いことなのかどうか、よく分からない。篠田氏もご存命であれば、多分私に同調してくださるのではないかと思うのだけれど、主食を多く食べることをもって劣等感を抱く必要はもはやない状況に至っていると思う。肉、魚、野菜といった副食品をより多くの人がより大量に食べる状況は、端的に言ってますます環境への負荷を増すことになる。また、そのことが直接に個人の健康増進につながると考えられる状況でもないと思う。穀物を多く摂取すること、これは個人の健康にも、環境にもいいのではないだろうか。もちろん、これは現代的状況の中だからこそいえることであって、篠田氏の時代(今から四〇年ほど昔)には多くの日本人には主食の量に比して副食品が種類においても量においても少なかったのであろう。

本書が対象とするアフリカから少し逸脱するようで心苦しいのだけれど、主食についてもう少し書いておきたい。ヨーロッパには「主食」がないという論について、見方を少し変えると、必ずしもそうは言えないのではないかと思うのである。

ヨーロッパでの食事において、パンは確かに数ある食品の一つでしかないかもしれない。ある一回の食事において、人はパンを他の食品よりも圧倒的に多く食べるというわけではない。ここで私は量を問題にしている。主食＝ある一回の食事でもっとも多くの量が食べられるものという観点である。しかし、視点を少し変えてみると事情は変わるのではないか。つまり、たとえ量的には多くなくとも、それなしには人は食事をしたような気がしないというもの、言い換えると、すでに古い昔から世代を超えて食べ続けられてきたために、人々の半ば無意識の次元で「主たる食べ物」として認識されているもの、それが主食と言うこともできるのではないだろうか。

ヨーロッパ人の食事を見ていると、米（野菜として認識されている）を主にした料理、例えばスペインのパエリヤ、あるいはクリーム煮にした鶏に添えられた米、こういったものを食べながら人はパンを食べるのである。あるいはスパゲッティを食べながら、合間にパンを口に運ぶという人を見るのは少しも珍しくない。パエリヤならパエリヤを、あるいはスパゲッティならスパゲッティ、それだけを食べ続けるというわけではない。パンを口に入れないと落ち着かないのだろう。

やや話が飛ぶが、格言に「人はパンのみにて生くるにあらず」ともいう。この格言では、パンが「食べること」を代理している。人が生きるのは、ただ食うためだけではない、あるいは食うことによってのみ生が成り立つのではないといっているのである。精神のなせる業が大事だというのであろう。揚げ足を取るようであるが、食の基本がパンであると認識されているからこそ、このような格言が生きるはずだ。もっと言えば、キリスト教会での儀式のひとつ聖体拝領は、キリストの身体に擬せられたものを信徒が口にすることであるが、それは一片のパンによってなされる。イエス・キリストが弟子たちとの最後の晩餐においてパンとブドウ酒をみずからの肉体と血にたとえて与えたことに由来している。パンはいわば聖なるものであり、食べることの核になるものとして認知されているというべきではないだろうか。また、フランスを旅行なさった方は目にされたことがあるかと思うが、フランス人は夕食用にパン屋で買ったのであろうパンを、家に帰るまで待ちきれずに歩きながらちぎっては口に入れ、ちぎっては口に入れすることがある。バターもつけずにそれだけを食べておいしいと思うからこそであろう。私たちが、ピクニックに行った時のおにぎりを、ただそれだけを食べても実においしいと思っていただくのに似ているはずだ。幼いときから、毎日食べ続けてきたものは、（お腹が空いていれば）ほかに何もなくてもそれだけでおいしいのだ。さらに、フランスでの朝食では何はさておき、まずパンとコーヒー（または紅茶）である。要するに、ヨーロッパ人の食生活においてもパンが中心にあることは間違いない。人々は、やはり毎日パンを口にしないと「食事をした気にならない」のである。その意味では、ヨーロッパにも主食はあるというのが私の考えである。

本章導入部の議論がいささか長くなりすぎた。話をアフリカの食事に移そう。

主食・副食論に関して、私がここで言いたいのはアフリカの食事にもアジアのそれ同様、主食というべき食品が明確にあるということがまず第一である。この場合は量的な意味での主食であって、アフリカの食事においては他の食品に比べて圧倒的に多く食べる食品＝主食というものが確実にある。

ただし第二として、主食と副食の供し方に、例えば日本の場合とは違いがある。アジアの場合、主食（ご飯）と副食（おかず）はそれぞれ別々の器に入れられ、別々のものとして供されるのが普通という地域が多い。人は各々を別々に口に運び、口の中で両者が混合されるということになる。それに対し、アフリカの食事では主食と副食はしばしば同じ器の中に盛られていたり、あるいはまぜご飯状になっている。主食と副食とが形の上で合体した形になっている点にアフリカの食事の特徴がある。要するに、主食と副食の区別はあるが、両者は別々に供されるわけではない。端的にいうと、カレーライスやハヤシライスを想起していただけるとよい。主食と副食とが一体となって食事の「型」を構成しているので、「型」そのものに名称をつけやすい。アフリカの料理には、もちろん名がつけられている。それらの名は「冷奴」とか「焼きナス」、あるいは「肉野菜炒め」といった単品名称なのではなく、カレーライスやカツ丼がそうであるように主食と副食とが融合した形、上に述べた「型」に与えられた名称であるということだ。

この点について誤解のないように記しておくと、アフリカのほとんどの地域で、食事は銘々皿に盛られて供されるのではなく、大きな皿状の容器、ないしは大きな半割りひょうたん容器、大きなボールなどに盛られて供される。それを複数の人が囲むのである。こうすると、ふいのお客があっても皆で一つの容器を囲むのだから特に不都合は生じない。

皆で一つの容器を囲むとなると、その場にふさわしい礼儀もおのずから決まってくる。大きな容器に盛られた食事を前にして、人は自分の身体のすぐ直前の部分を食べるのが基本的な礼儀であることはすぐに理解されよう。自分の身から遠く離れた部分にあるものがおいしそうに見えるからといって、他人の前を遮《さえぎ》るように手を伸ばしたりするものではない。

主食と副食とが一体を成した型という場合、正確には二種類がある。例えば日本風のカレーライスのように白いご飯があり、その上にさまざまな具の入ったカレーソースをかける形のものがある。人は食べるときに主食(ご飯)とおかず(具入りのカレーソース)を混ぜたり、混ぜないままでもとにかく一緒に口に入れることになる。他方で、例えば日本風のキノコや鶏肉の炊き込みご飯のように主食とおかずとがすでにして混然としているものがある。アフリカの場合、一般的に言えばカレーライス型、つまり主食とおかずとが同じ器の中で一応別々に存在しており、食べるときに混ぜたり、一緒に口に入れたりするというタイプのものが多いと観察される。炊き込みご飯の類はむしろ少数派である。いずれにせよ、本書のこれからの記述を通していろいろな種類の主食・副食混合型の食事を紹介していくことになる。

二—「たべる」は「のむ」

アフリカの食が主食と副食とで構成され、かつそれらが多くの場合、融合した形で供されるということ自体はアフリカだけに特殊的に観察される特質とも言えず、さほど目を引く事柄とは言えないかもしれない。むしろ、この節で述べる事柄、つまりアフリカの食事の多くは「かむ」より「のむ」ものだということの方が特徴的だといえよう。「かむ」はもちろん噛むという漢字で表されるが、「のむ」の方は飲むはもとより、呑む、そして嚥むという字を当てることも可能である。

さて、端信行氏はかつて西アフリカの農耕に関する調査に赴いた際、滞在先の村々で出された食事をいただく折に、しばしば石粒をガチッとばかりに噛んでしまい辛い目にあったことを記している。そういうことが何度もあったというのである。村人たちは噛んではだめだと何度も端氏をたしなめたそうだ。★4「食べるときには噛むものではない、飲むのだ」と端氏は西アフリカの村人たちから何度も言われている。にもかかわらず端氏は食べ物を噛み、勢い余って石粒を噛んでしまい、泣きっ面になったというのは同じ日本人としてよく分かる。わたしたちは幼い頃から「ご飯はしっかり噛んで、ゆっくり食べなさい」と教えられてきた。「百回噛んで食べる」という表現さえよく知られている。実際に一口ごとに百回噛むわけではないにせよ、噛むことの大事さを教える標語である。「咀嚼」などという難しい語彙が大人だけでなく、子供の間でも日常的に使われていることにも噛むことの重要さ、当然さが表れていよう。（もっとも、この漢字を書いてみよと言われると、これはまた別問題だが。)

端氏の経験に類する事柄は他にもある。アフリカ中央部のコンゴ共和国(かつてのザイール)に住むバンツー系農耕民テンボ人の村での言語調査をおこなった梶茂樹氏によると、テンボの人々は「噛む」のは「食べる」ことではないと言っていたそうである。テンボの人々は料理用バナナやマニオクを乾燥させてから臼と杵で搗き、粉にしたものを湯で練り上げたウガリ(団子状にした固い粥)を常食にしているが、このウガリはアブラヤシのソースがなければ「食べられない」。つまり、アブラヤシ・ソースでウガリの滑りをよくした上で、噛まずに飲み込むものとしてとらえられているのである。

筆者自身がかつて滞在した西アフリカ、セネガルのフルベ人の食事も「飲む」ものであった。フルベの人々は日本語ではトウジンビエと呼ばれるミレット(雑穀)を杵で搗いて粉にし、それを蒸しあげたものに牛乳(生乳)をかけて食べる。ミレット粉にはバオバブの葉の粉末を混ぜておく。バオバブの木についてはすでに日本でもかなりよく知られていると思うが、雨の少ないサバンナ地域の巨木であり、驚くほど多目的に利用されている。バオバブの有用性についてここで深入りすることはできないが、バオバブの葉の一つの利用法だけを記しておく。バオバブの葉を乾燥させて粉末にしたもの(ラーロという)は見たところ抹茶粉のようである。これにはねばり成分があり、ミレット粉にまぜて蒸すととろみがつき、嚥み下しやすくなる。それに牛乳をかけるのだからどろどろの状態になるが、それを右手ですくうように口に運ぶ。口に入れてしまえば、飲み込むだけである。噛む必要はない。食事とは飲(嚥)むことなのだ。

そこで、もう少し「食べる」と「飲む」について語義的観点から考えてみよう。フルベ語で「食べる」を意味する動詞は「ニャーム」nyaam- であるが、私たちは「食べる」と言えば、ほとんど自動的に「噛んで食べる」ことだと理解しがちである。食べるには、噛むが含意されていると思いがちなのだ。しかし、このような理解の仕方とフルベ語の「ニャーム」が意味するところには微妙な違いがありそうである。フルベ社会において、朝食や夕食などの食事を「食べる」時には人々は「ニャーム」という。しかし、果物や肉の小片を誰かに差し出して、これを「食べなさい」というようなときには「ヤック」Yak-(大文字のYは内破音)という語を用い、ニャームとは言わない。「ヤック」は日本語での適当な訳を探すと「齧《かじ》る」ないし「かぶりつく」ということになろうか。肉や果物は確かに「かじりついて」、つまり歯で一部を噛み取り、その後噛みくだかないと飲み込めない。ここではじめて噛むという意味が鮮明になる。こうして「ヤック」(齧る)に対比してみるとよく分かるのだが、先にあげたフルベ語の「ニャーム」(食べる)はそれをできるだけ正確に訳すと「噛まずに飲み込んで食べる」というような感じになるかと思う。要するに、「食べる」とは「飲み下す」ことであり、そこには必ずしも噛むことは含意されていないというのが正しいようなのだ。これはフルベ語を例にしての解釈ではあるが、アフリカの他の言語についてもかなり妥当すると思われる。

ということは、アフリカの多くの人は食品を噛まずに、大なり小なり塊《かたまり》のまま飲み込むのか。そうではない。では、どうして食べるは飲むに直結するのかといえば、アフリカの多くの社会では食品は人が口に入れる前にすでに「噛まれた」状態になっているのである。つまり、臼と杵で搗くという行為、それが食品を細かく砕き、したがって口中では噛み砕く必要をなくさせているのだ。言い換えると、アフリカ人も私たちと同じように、食品を細かく「噛み砕いて」から嚥下《えんか》することには変わりはないのだが、その「噛む」行為はしばしば口の中でではなく、人間の身体の外で、臼と杵、あるいは石の臼によってなされているのだ。

木製の臼を棒杵で搗いている女性の姿、あるいは荷物や薪の束などを頭上にのせて歩く女性の姿、こういった光景はアフリカ人の生活風景をあらわすものとしてとてもなじみ深いものになっている。杵搗き、これは水汲みと並んでまさにアフリカ女性の仕事の代表というべきものである。もっとも、現今の都会では各家庭の女性が杵搗きをするのはむしろ稀であるが、地方に行けばまずどこでも目にする。

先に挙げたセネガル国、村落部のフルベ女性は畑から刈り取ってきたトウジンビエを食事に供する場合、少なくとも三度の杵搗きをすることになる。最初の杵搗きはトウジンビエの穂を幾本か臼の中に入れ、それを棒杵で搗いて穂から穀粒を分離するためにおこなう。一般的にはこの杵搗きは朝早くにおこなうことが多く、私は女性たちが杵搗きをするドス、ドスという一定のリズムをもった音で目を覚ますことが多かった。二回目の杵搗きは朝食後、午前の仕事の一つとしておこなわれることが普通で、穀粒の外皮(ヌカ)を取るための杵搗きである。搗いたものを風選し、粒の外皮を飛ばす。そうしていよいよ製粉のための杵搗きが三度目ということになるが、これは午後三時ごろにおこなわれていた。二回目と三回目の杵搗きをまとめて午後

穀物を杵で搗く
杵搗きは女性の仕事である。男性はしない。セネガルの牧畜民フルベの娘がトウジンビエを杵で搗いている。子供も一〇歳ぐらいになれば立派な働き手である。

にする女性も多かった。特に、一五歳前後の若い女性たちは午後にまとめておこなってしまう方を好んでいたようだ。

いずれにしても相当な労働量となる仕事であることに違いはない。膝は曲げずに、腰を前後に動かすことで腕の上下運動を自然に誘発するかのような動きを見せる。毎日の、いわば単調な仕事であるから、友人同士何人かが集まっておこなわれるのが普通で、棒杵を宙に放り上げておいて、両手を叩いて調子をとったり、二人で一つの臼を交互に搗いたりして仕事に面白みをつけようとする工夫も見られた。

毎日三度の杵搗きは重労働である。それゆえに杵搗きをしないですむ食品が手に入るのであれば、女性たちはなるべくそちらを選ぶようになる。一九八〇年代の後半ぐらいから村落部のフルベ人においても、トウジンビエに代わって米がより多く食べられるようになった主原因はまさにここにある。トウジンビエの製粉が大変なのである。大きな村には製粉機が共同で取り付けられるようにもなっている。ただし、製粉機は電動が多いから、電気が通じている村でなければ設置されない。それに人間は食べ物についてはなかなかに保守的なものだ。製粉機で製粉したトウジンビエは、杵で搗かれた粉とは味わいが違うといって不平を言う男性たちが結構いる。生まれたときから食べてきた人々には実際その通り味が違うのだろうが、一時滞在の私などにその違いが分かるわけもない。

杵で搗く行為、これが食べ物を口中で噛み砕く行為を代替している。杵搗きをするのは女性である。アフリカの多くの社会では農耕労働の多くが女性によって支えられていること、また女性の労働量は植民地行政下でかえって増えたことはすでに指摘されている。★5 植民地行政の下、都市ではさまざまな産業が興され、それに必要な労働力として村々から男性が呼び寄せられた。男性は都市に駆り出されたといってもよい。その分、村に残った女性の労働量は増えていったのである。また、男性は畑の開墾作業などをするのが普通であるが、この開墾作業などには畜力、動力などが導入されたのに対し、開墾された畑で女性がおこなう仕事は相変わらず手作業に頼るものが多かったのも事実である。かくして、アフリカでは女性は日々の生産労働において男性よりいっそう多くの労働をしていることが理解されるのだが、生産されたものを食べる段階においてまで、つまり噛むという行為に関してまで女性の労働が大きく関わっていることが分かる。やや極端な言い方をすると、アフリカの男性は主に女性労働によって生産され、女性の手によって料理され、さらに女性によって「噛み砕かれた」食品をただ飲み込みさえすればよいということになる。

さて、噛み砕く行為は木製の臼と棒杵で搗くことでなされると述べてきたが、臼と杵にも幾つかの種類がある。今までに記してきたセネガルのフルベ女性が使う臼は高さ五〇センチ内外、臼の内径二〇センチから大きくても二五センチ程度のものである。女性でも小脇に抱えることができる大きさと重さである。棒杵は

農耕民の臼
農耕民が使う臼は牧畜民のものに比べると一般に大きく、重いものが多い。ブルキナファソの農耕民の村で見た臼は木肌模様をそのまま残したものだった。

カッセーナ人の住居と内部の様子
右上／西アフリカ、ブルキナファソ南部のカッセーナ人の住居は泥造りの城のようである。
右下／泥造りの家の内部の台所の様子。土器が煙りで美しく黒光りしている。
左／カッセーナ人の住居の入り口脇のかまど。

要するにまっすぐの棒で、直径一〇センチ以下、長さは大人の身長ほどのものを使う。これを普通は右手で搗く。右手が疲れれば、左手で搗いてもかまわない。杵は使わないときは砂地に直接置き、作業する前に棒の先に付いた砂を払っておこなうわけだが、小さな砂粒などが食品に混じるのは避けられない。

臼として、高さも直径ももっと大きいものを用いる民族も多い。大きな木臼を用いる人々は農耕を主とする社会に多く見られる。フルベの臼が小型であるのは、フルベ人が牧畜を主とし、季節によって移動することが多いという事実と関わっているだろう。携帯に便利だからである。農耕民が使う臼は小脇に抱えられるような軽いものではない。抱きかかえるようにして、やっと持ち上げられるというぐらいだろうか。杵はフルベの棒杵に比べると短いが、太く重い。中央部が握りやすいように細く削られている。月に住むというウサギが餅を搗いている杵に似た形である。これを竪杵という。それに対して、日本での餅搗きに使う形の杵は横杵といい、太い丸木に直角に握り柄を付けた形になっている。横杵は柄の長さの分、振り下ろすときの求心力が働き、より強い力で搗くことができる。竪杵だと、人の腕に横杵の柄の働きをさせることになる。

木製の臼、杵では食品を搗いて砕くことが主になる。それに対し、より細かく磨《す》りつぶすために用いられるサドルストーンというものがある。サドルストーンはサドルカーン(saddle quern)ともいうが、台石と上石とで成り、台石の上に少量ずつの穀物を置き、それを上石を前後に引いたり押し出す動きによって粉に挽く。日本の民俗資料館などで目にする石臼は円筒状の二つの石の上部を回すことで、回転運動によって粉を挽くわけだが、サドルストーンは上石を前後に動かし、挽くことになる。身体を大きく前後に動かさなければならないから、ロータリーカーンよりも労働量は多い。いずれにしても少量ずつの穀物を挽いては粉にし、挽いては粉にする作業を繰り返す。一般的に言えば木製臼と杵によって得られる粉よりも粒子の細かい粉が得られるはずである。長年使っているサドルストーンの台石は中央部が磨り減って窪みになっている。サドルストーンは、人類が調理用の道具として開発したもののうち、非常に古いものとして位置づけうるのではないだろうか。スーダン南部、ウガンダ国境に近い地域に住むパリと称する人々の村には、ある一定の面積を持った岩場そのものを台石にして、その上で何人もの女性が摺り石を前後に運動させることによって

サドルカーン(石臼)
スーダン南部に住むパリ人の村では、
女性たちが地面の岩場そのものを石臼として利用している。
石臼として利用されることにより、
岩場のあちこちに窪みができている。
写真／竹井恵美子

粉を挽いている。大きな岩場には幾つもの窪みができていて、そこで女性たちが長い間にわたって粉を挽いてきたことが分かる。

ところで、アフリカでの食事は「飲む」ものだと強調してきた。では、アフリカではなぜ飲むのかと問う必要があるだろう。なぜアフリカの人々は「噛むのは食べることではない、食べるとは飲(嚥)むことだ」というほどまでに「飲(嚥)む」のかを考えなければならない。

すでに記したが、杵搗き作業にせよ、サドルストーンでの作業にせよ、製粉は戸外、ないし半戸外のような場所でなされる。杵は使わないとき、あるいは作業中でもちょっと休むときなど、砂地に置かれる。当然、杵の先にも砂などが付く。また、戸外で作業するのだから風などで砂粒が臼内に飛び込みやすいともいえる。要するに、粉は砂粒を含むことが多く、それを蒸すなり、固粥《かたがゆ》なりに料理したものには砂粒が入っていることが多い。だから、これを噛むと砂粒を噛む危険が高くなる。したがって人は噛まずに、飲み込む。

これは一つの理由として成り立つかもしれない。食べ物をいただいているときに、石粒を噛みつけたときの飛び上がるほどの痛さ、総毛立つような不快さは格別である。その不快さを避けるために飲み込むのだというのも理由として成り立つかもしれない。

しかし、もっと考えてみると、要するに噛む必要がないから噛まないのだ、飲み込めばそれで済むのだということが分かる。これまでに何度も強調してきたように、アフリカでは食品(主食品、穀物)は人の口に入る前にすでに「噛み砕かれた」状態と同じになっている。噛む必要はもともとない。だから飲むのである。

調理の道具という観点から考えると、アフリカにおいて料理道具として何といっても日常不可欠なのは臼と杵である(地域によってはサドルストーン)。私たち日本人にとってまず第一の料理道具といえば包丁とまな板ということになるだろうが、アフリカでは包丁(というよりナイフ)は二の次なのだ。まな板は、ない。まな板に類するものを使うのは都会の市場の魚屋さんぐらいである。魚屋さんというより、もっと正確には魚屋さんの隣に小店を構える「魚おろし」専業の婦人たちである。この婦人たちは大きな丸木を切った台をまな板にして、その上で魚のうろこを取り、内臓を取り出す作業をしてくれる。このことでも分かるが、まな板を日常的に用いるのは実のところ魚をよく食べる日本人に特徴的なことであるらしいのだ。中国、韓国でもあるにはあるけれど、日本人ほどまな板に愛着を持つというわけではないらしい。ちなみにまな板は俎、俎板などと書くが、原義的には真魚板と書いたという。魚を「まな」と呼び、その「まな」を切り分けるために必要な板であるとして「まな板」の名称ができたという。

といっても、アフリカの人々も肉や野菜を切るときにまな板が必要だろうと思われるかもしれない。それが必要ではない。肉にせよ、野菜にせよ、人はそれを宙に持って切る。一般的に言えば、包丁、つまり料理専用の刃物というものが特にあるわけではない。要するにナイフがあればそれでよい。ニンジンなどを細かく切る必要があるときは、ニンジンを左手親指に押し当てるように持ち、右手のナイフで切る。左手親指を「まな板」代わりの支えにするわけだ。それで理解されるように、ナイフが切れすぎるとニンジンのみならず指を切る危険が大きい。よく切れる料理専用のナイフよりも、日常的に何にでも使うナイフを用いるほうが安全でもある。肉も宙に持って切る。したがって、アフリカでは包丁使いの「芸術」、さまざまに異なった切り方の妙といったものは生じないようだ。しかし、これは何もアフリカに限ったことではなく、ヨーロッパ諸国においても実際のところまな板はさほど必需品ではないのだ。チーズを切り分けるための握り柄付きで長方形か丸い円盤がまな板といえばまな板であるが、台所の必需品ではない。

話が少し脇に逸れた。アフリカでは、主食品はそれを口に入れる前に体外で噛み砕かれた状態になっているから、口に入れたら飲み込みさえすればよい。このことには「自然」と「文化」という概念の違い、いわば動物と人間の基本的な区別に関わる概念が関与しているように思う。

そこで少し考えてみよう。木製臼と杵、それとサドルストーンを比べると、起源的にはサドルストーンの方が古いはずだ。それよりもっと原初的には、先にあげたパリ人の例のように岩場そのものを台石にしたものであろう。

木製の臼と杵を作るためには鉄製の刃物が必要である。木を切り倒し、臼を作るためには幹の内側を刳《く》りぬかなければならない。これは高度の技術を要する。サドルストーンは台石として適度な大きさの平たい石があれば、あとは上石として丸石でも平たい石でも適当な大きさのものがあればよい。人類が用いる道具としては相当に原初的なものだと考えられる。木臼の誕生よりずっと早い時代に使われていただろう。その違いはあるにしても、いずれにせよ道具を用いて食品を加工するというところに重要性がある。木の実なり、地中から掘り出した芋なり、その一部を歯で齧り取り、齧りとった食べ物を口中で噛み、さらに細かくして、その後で飲み込むのは、人間でなくても猿やリスなどの動物でもおこなうことだ。それに対し、道具を用いて細かく砕き、あるいは磨り潰して、さらにそれに熱を加えて調理したものを口に入れる。これは大変人間的な行為、つまり、人間だけがおこなう「文化」的な行為である。自然状態に生きる動物がすることではない。

食べるという行為そのものは人間だけでなく、動物もおこなう。しかし、砕く、磨り潰す、熱を加えるという「文化」的な行為をおこなうのは人間だけなのだ。（正確に言うと、砕く行為はチンパンジーなどにも見られることが今では知られているが。）この文化的な行為という点を多くのアフリカの人々は意識しており、それゆえに「噛むのは食べることではない」、言い換えると「噛むのは人間ではない動物でもおこなうが、臼などの道具を使って前もって体外で噛み砕かれたものを食べるのは人間だけだ」と言っているのではないだろうか。「噛むのは食べることではない」というとき、「噛む」のは自然の領域に属すること、動物でもすることだと言外に意味されているのだ。「食べる」＝「飲む」行為はいたって人間的行為、「文化」の領域に属する行為なのである。自然の領域に属する動物と同じではない人間が食べる食べ物は、「文化」の領域に属するように加工されていてしかるべきである。それが臼と杵やサドルストーンによる製粉という工程でなされる。この工程を経た食品は動物がするような「噛む」行為を必要とせず、飲(嚥)み込みさえすればそれでよいというわけである。

この点に関して、私がここで述べた仮説を補強してくれるような報告をつい最近目にした。竹村景子さんの報告によると、タンザニア共和国のザンジバル島北部県に位置するある村で食文化について調査した折、ウガリ(東アフリカでよく食されている固粥)を噛んで食べていた竹村さんを見て、土地の人が「ウガリを噛んで食べるのは子供だけで、大人はそのまま飲み込むものだ」とたしなめるように言ったという。★6竹村さんは、それがスワヒリ地域に共通する食事マナーなのかどうかは不明と記しているが、スワヒリ語が話されている地域限定のマナーであるどころか、アフリカのほとんどの地に共通するマナーなのだ。子供は未だその社会の文化を身につけていない存在だという意味で「自然」の領域に近いところにいる。食べ物を噛むのは、先にも記したように自然界の動物でもすることだ。子供は未だ文化を身につけていない以上、自然界の動物がそうするように食品を噛んで食べても致し方ないとされているのだ。食品を噛まずに飲み込むためには、臼や杵で搗くなど加工過程を経なければならない。この加工過程は人間だけがするという意味でまさに文化の領域に属する行為である。そのことを知っている大人たるもの、それをわきまえた上で食品は飲まなければならない。噛まずに飲むのが正しいのである。

話はやや飛躍することになるが、エチオピアに「食べる」行為としての「飲む」を極限化したかのような食生活をする人々がいる。エチオピア南部で農耕を主として暮らすコンソという人々について長年の調査をしてきた篠原徹氏の報告によると、コンソ人はビールを「主食」にしているというのである。コンソは大変特徴的な生活形態を見せる人々で、玄武岩の石だらけの山の頂上に密集した集落を作り、その山腹にえんえんと段々畑を作って暮らしている。この地域では年間降雨量としては一六〇〇ミリほどあり、日本の多くの地域の雨量と同じようなものだが、雨はしばしばいっきに、しかも局地的に降る。

コンソ人が好む醸造ビールはチャガというそうだが、篠原氏が滞在した村ではほとんど毎日、どこかの家の女性が作り、そこに数百人の男たちが集まり、食事として「飲む」のだそうである。チャガはモロコシとトウモロコシで作る。モロコシの割合が多いほど、おいしいという。これに小麦が加えられればさらに上等なのだそうだ。まず、モロコシ、トウモロコシをサドルストーンを使って粉に挽く。重労働である。なにしろ大量に作るのだから、一日中磨り石を押しては引き、押しては引き、押しては引きして粉を挽き続け、それをなんと三日も続ける。粉ができると、トーマという大きな木の幹をくりぬいた容器を隣近所から借り集める。どこの家にもトーマはあるのだが、作るときは一度に大量に作るので近所から借り集めるのである。一つのトーマにヒョウタン容器七五杯分ものビールが入る。トーマ三つ分も作れば、二〇〇人以上もの人が一度に飲めるほどのビールになる。

挽いて粉にしたモロコシ、トウモロコシをトーマの中で水と混ぜる。充分に練る。こぶし大の団子を作る。大きな壺に少量の水を入れ、煮立てて、練った団子を次々に入れていく。壺の口にヒョウタンの蓋をし、水分がなくなるまで蒸す。蒸しあがると、団子をトーマにもどしてほぐす。これに家の炉の上に保存してある醗酵材(麦芽や芽の出たトウモロコシを粉にしたもの)を振りかけて混ぜる。そうして、お湯を注いで寝かせておくと、次の日には醗酵しはじめ、全体が熱くなり、表面はぶくぶくと泡立ち、ビールになっている。二日後には上等なビールになっている。粉を作り始めてから、約一週間かかる作業である。

さて、コンソの女性がこうしてビールを作り上げると、その日は村の男たち数百人もが一軒の家の周りに集まり、ゆっくり時間をかけて「飲む」のだそうだ。これが食事なのである。毎日、村の中のどこかの家でビールがつくられる。篠原さんは「これじゃぁ、毎日宴会と同じだ」と記している。★7

念のため記しておくが、ビールはもちろんただで供されるのではない。ビールを作る女性は、そのために大枚を投資し、必要な穀物を購入して、時間をかけてビールを作る。男たちはお金を払ってこれを飲むのである。もっとも、村の女たちが順繰りにビールを作り、男たちはビールができた家を順繰りに回るのだから、お金も循環している。

この節を終える前に、誤解のないように念のため記しておきたい。アフリカの人々は何でも噛まずに飲み込んでいるのではない。すでに何度も記したが、主食となる穀物を料理したもの、それを「飲む」のである。大脳生理学の教えるところによると、噛むことと脳の働きをよくすることとの間には連関があるという。よく噛むこと、それは脳の働きをよくすることでもあるというのだ。また、現代日本の子供たちには、よく噛むべき食品が減少し、逆にあまり噛まないでも食べられる食品が増えているがために、下顎が細る傾向にあるとも言われる。

アフリカの人たちは、噛むべきときには実にしっかり噛み、噛む力はたぶん現代の日本人よりもずっと強いはずである。コカコーラやビール瓶の栓(王冠)などを両の歯で噛みあわせるようにしてグイッとこじ開けるのは、男女を問わずごく普通のことのようにする。また、子供たちが捕まえた小鳥を焼いて食べるとき、小骨などもそのまま噛み砕いて食べているのもよく目にしたものだ。朝日新聞アフリカ総局長としてケニアのナイロビに長期滞在し、『アフリカを食べる』という名著をものされた松本仁一氏は動物の骨を噛み砕く若者に強い印象を受けたのであろう、そのことを同著の冒頭に記しておられる。マサイの青年たちは年齢組に組織されており、戦士たちはモランと呼ばれている。モランたちがヤギを殺して神に捧げる儀式に参列した時の経験を記しておられるのである。モランたちは犠牲として殺したヤギの血を飲み、儀式そのものはそれで終わるのだが、ヤギは当然、解体され食べられる。焚き火で焼いた骨付き肉を賞味し、しゃぶり終えた骨を捨てようとすると、松本氏の隣に座っていた青年が「なぜ捨てる！」と怒ったという。青年たちは骨を「ばりばり噛み砕き、骨の髄を吸い出して」食べたというのだ。★8 ヤギであれ、羊であれ、髄を吸いだせるほどの大きさの骨を噛み砕くのは、やってみれば分かるがそう簡単ではない。

ここに挙げたわずかの例からもお分かりいただけるように、噛まなければ飲み込めないもの、これはしっかり噛む。儀礼や祭りなどに際してなされる焼肉などはもちろん噛んで食べる。ごく大雑把な言い方になるが、日常的な食事は「飲む」ことが多いのに対して、「噛む」食事には非日常性が関わっているといえるかもしれない。

三――食事は熱くなければならない

私が長期に滞在したセネガル、フルベの村での朝食は簡略なものだった。トウジンビエを粉にし、それを一度蒸したうえでムシロの上に広げ、強い日光の下で乾燥させたもの、つまり乾燥雑穀粉（ンジョールンディという）である。乾燥させたことによって保存食になっている。それに生乳をかけて食べる。それだけである。私にはこれが少々辛かった。「はったい粉」といっても若い読者はご存じないかもしれないが、大麦を炒って粉にしたものである。私の子供時代でもおやつに結構食べられていた。フルベのンジョールンディは見たところこのはったい粉に似てはいるが、こちらは炒られてはいない。蒸したものを乾燥させたものである。はったい粉には炒ったもの特有の香ばしさがあるが、フルベの朝食用の粉には香ばしさがなかった。（ただし、フルベの人々に言わせれば、当然ながらンジョールンディ独特の匂いがいいのだと言うだろう。）

私は小屋の中で小型のキャンピング・ガスで湯を沸かし、紅茶（ティーバッグ）を淹れて飲んだ。もっとも、朝に茶を飲むのは村人たちの習慣でもあった。ただ村人たちの茶は中国から輸入されている緑茶であって紅茶ではない。緑茶の葉を金属製の急須に入れ、水を差して直接炭火の上におく。こうして長い時間をかけて煮出し、猛烈に苦くしたところに、これまた驚くほど大量の砂糖を入れて甘茶にしたうえで、小さなガラスコップで少しずつ飲む。急須を火にかけて二〇分ほども煮て、茶が出来上がると、コップに少し入れ、皆が飲む。その後、また急須に湯を足し、煮る。出来上がるまでまた二〇分ぐらいかかる。こうして三杯の茶を飲むのが普通で、だから茶の湯が始まるとたっぷり一時間ぐらいは茶を楽しむ。言うまでもなく、一杯目は猛烈に苦く、二杯目が丁度よい。三杯目になると、出がらしの茶に近く、それに大量の砂糖を入れているから猛烈に甘い、どろどろした感じの甘茶である。子供はこれを喜ぶ。もちろん、その間は皆の楽しい団欒の時間となる。茶をたてるのは女性よりも男性の方がうまいといわれる。また、茶をたてる人はその間はもっ

茶の湯
セネガルの牧畜民フルベの村の朝のお茶。
茶は中国から輸入された緑茶。
ぐつぐつと煮出し、砂糖を大量に入れて飲む。
一日の活力源になっているようだ。
乾季の朝はかなり冷える。

ぱらその場にいる人々へのサービスに徹し、みずからさっさと茶を飲んだりはしない。まずは、その場の人々に味わってもらい、おいしいと言ってもらうのが喜びである。要するに、「茶の湯」として日常的ではあるが、かなり儀式化されたものでもあるのだ。

茶葉は緑茶としては決して質のいいものとはいえないが高価だし、大量に使う砂糖も安いものではない。茶代について、簡単な計算をしてみたことがあるが、村のフルベの人々の家計の四分の一ほどもが茶の湯料に使われていた。私自身は毎朝紅茶を飲むのだが、村人たちの茶の席にも参加し、こちらもちゃんといただいた。一人で飲む砂糖なしの紅茶の後に、あの強烈に苦くて甘いフルベ茶はなかなかにおいしかった。村人たちの茶の湯に参加するときにお金などは払わない。ただ、都会に戻ると村に帰るときのお土産として都会のパン、砂糖、茶などを持参した。ついでながら記しておくと、村の人たちは私が飲む紅茶には全く興味を示さなかった。味が「弱々しくて」おいしくもない(私は砂糖を入れないせいか)というのだ。それはその通りで、ティーバッグで簡略に淹れる紅茶が、時間をかけてぐつぐつと煮出した緑茶の迫力に敵うはずのものではない。

朝食が簡略なものだというのは、アフリカの多くの社会でそうであるようだ。特に、農村部では簡略である。前夜の残りを少し温めて食べたり、保存食料を温めずに食べたりする。朝から料理などはしていられないのだ。ともかく、朝の食事は「冷たい」ものであることが多い。熱いのは茶の類だといってよい。

ここで、私が言う熱くなければならない食事とは、一日のメインとなる食事のことだ。人々の活力のもととなる、一日で最も重要な食事、これは熱くなければならない。もちろん、熱いというのは焼けるようにという意味ではない。温かいというほどの意味、あるいは冷めてはいないものと言ってもよい。

このことに関しては、日本を訪問したアフリカ人が冷めた食事に対して示した反応が私に強い印象を残している。ある団体研修で一ヶ月ほど日本に招かれたアフリカ人女性教師たちが、滞在中の経験として話していたことである。グループで新幹線で移動する折、昼になり食事ということになった。その時、皆に供された食事が箱に入った「冷たい」ご飯であったことにひどく腹を立てていたのである。私たち日本人にとってはなじみの深い車中の弁当であるが、これがアフリカ人教師たちの癇にひどく障った。ある女性の言葉をそのまま記すと「私たちは犬でもないのに」といって、冷たい食事を出されたことに怒っていたのである。このように新幹線車内での「冷たい」弁当を心外に思ったというアフリカ人については、この人一人ではなく他にも数人から耳にしている。

考えてみると、私たちの食事には結構、冷たくしていただくものがある。ソーメンは言うまでもなく、うどん、そばなど冷たいまま食べる麺類がある。そばは、すでに江戸時代から冷たいもの、いわゆる「盛りそば」をもってそばの食べ方の本道とするという考え方があったという。また、最近流行のおにぎりも一般には熱い状態で食べるものではない。お寿司もそうである。すでに述べたとおり、移動の車中では私たちは冷たい弁当をいただくことに特に違和感を覚えない。そういうものだと思っているから、弁当が「冷たい」ということさえ意識しないままいただく。弁当は温かいか、冷たいかという基準で判断されるべきものではなく、さまざまなおかずに込められた「季節感」、「彩《いろどり》」など、見た目の美しさで勝負するものだということをともかく知っている。さらに、敢えて言えばご馳走である会席料理なども多くの皿は冷えていて、それを補う意味でかその場で固形アルコールなどで煮る小さな鍋物がついていたりする。★9

アフリカのサバンナ地域一帯では、穀物粉を湯で練り、固粥《かたがゆ》にし、それを指で少量ずつとってはソースに浸して食べたりする。固粥の呼称はそれぞれに違っていても、基本的には似たような食べ方をする人々は西アフリカのサバンナ地域から東アフリカにかけてのずいぶん広い地域に及んでいる。これなども、すでに述べたとおりの「飲む」食事の代表的なものであるが、それはともかくとして固粥は大きな団子状になっているものが供される。外側表面は空気に触れておりさほど熱くはなくとも、指先を突っ込むと中はびっくりするほど熱い。当然といえば当然であるが、このように熱い団子粥を皆で「熱い、熱い」と言いながら食べるのがむしろ普通であって、これが中まで冷えていたりするとおいしくは食べられない。

冷めるとおいしく感じないのは、セネガルの米を基盤にした料理でも同様である。トマトピュレーや油をたっぷり使って煮たご飯であるが、これも冷めてしまうとさほどおいしく感じられない。おいしくないというのは単なる「感じ」の問題ではなく、実際に味が落ちるのだそうだ。ご飯は炊き立てがおいしい。米の飯の澱粉はパンに比べると「老化」の速度が速く、炊いた後、時間の経過と共に粘り気を失い、パサパサした感じになり、食味も落ちる。加熱によってアルファ化した澱粉が、時間の経過とともにもとの生米の澱粉の状態であるベータ澱粉に戻るためだという。★10 モロコシなどで作る固粥についても、同様なことがいえるのだろう。

このように食べ物の温度に関しては「おいしさ」、食味という問題が確かにある。一日の最も重要な食事は当然、おいしく食べられるべきである。アフリカではすでに述べたとおり、人々にとって基盤となる食品、つまり主食が厳として存在し、それは澱粉を多く含む穀物やイモ類である。したがって、それらを料理した食事をおいしくいただくためには熱い状態で食べるべきなのだ。

食事の「熱さ」とおいしさとが強く関連していることが了解された。ただ、私には日本を訪れたアフリカ人が冷たい弁当に示した反応、それも「犬でもないのに」とまで言うほどの激しい拒否反応が今も頭を離れないでいる。この反応からすると、単においしさの問題だけでは説明のつかない要素があるのではないかと思えるのである。

それはこういうことだ。先の節で、アフリカ社会での食事が「飲む」ものであるのは、飲むことがまさに人間の文化の領域に特徴的に見られる行為であることに関わっていることを強調した。齧ったり、噛んだりして食べるのは自然状態にある動物でもできるのである。食事を「飲む」ためには人間独自の行為、文化が関わっていなければならない。

ところで、アフリカの多くの社会では男性がするべき仕事、女性がするべき仕事が明確に区別されていることが多い。労働の性による分業がはっきりしているのである。また、右手を使ってなすべきこと、逆に左手を使ってなすべきことがはっきり区別されてもいる。例えば、日常的には挨拶における握手は右手でするものであって、不用意に左手を差し出したりするのは失礼にあたる。食べるときに使う手も普通は右手である。さらに右手は男性に、左手は女性に関連付けられていることも多い。それは男性が腰にナイフを下げる場合、腰の右側につけなければならないのに対し、女性の腰巻は左腰で留めるものとされていたりする事実に表れる。さらに、昼間にすべきこと、夜間にすべきことが区別されていたりもする。例えば、セネガルのフルベの人々は伝説などかつて起こった事実に関わるとされる話は昼間に語るべきとされるのに対し、実際に起こったことではないといわれる動物を主題にしたおとぎ噺などは逆に日が落ちて後の夜の集いの席などで語るべきものとされているのである。こういった二項対立的な区別はつまるところ「自然」の領域と「文化」の領域の区別に関わると結論しうることが多い。

食べるという行為自体は自然界に生きる動物も人間も、共に等しく同じようにする行為である。その行為自体は同じなのである。しかし、人間であるからには食物に直接口をつけるようにして食べたりするものではない。食物を手にとって、手を口のほうに運ぶものだなどといわれるのは、まさに食べるという本来動物がするのと同じ行為を、それに人間的な要素を加えることで「文化」の領域に引き入れているわけだ。それと同じ考えが、食物の「熱い」、「冷たい」に関わっているのではないだろうか。「冷たい」食事はあまりに直接的に自然界の動物の食事を思わせるのである。アフリカ人女性が日本滞在中に供された弁当の冷たさに、「犬でもないのに」といったこちらがぎくりとするほどの激しい拒否反応を示すというのは、ここら辺と関わりがあるように思えるのである。

こうして考えてみると、敢えて「冷たい」食事を日常生活に取り込んでいる文化は、逆説的だがかなり高度に文化を意識した上でそうしているのではないかと思う。少なくとも、技術文明という観点からは相当に高度なものを発達させた社会でなければ「冷たさ」を楽しむ文化は生まれないのではないかと思う。冷たい状態でいただく食事は、実のところ相当に手が込んでいて、そのことによって「自然」状態ではない、「文化」としての加工を充分に加えた上での冷たさを楽しんでくださいという形で供されるものだと思う。列車内での冷たい弁当も、アフリカ人はその冷たさに注目するがゆえに、そこに「文化」の不在を感じるが、私たちはおかずの取り揃え方、配置の妙に注目し、そのことに「文化」を感じ取っているのだろう。

かくして、この第一章ではアフリカ料理を全般的に見回して特徴的と思われることを三点記してきた。いうまでもないが、アフリカ全土の食文化すべてに例外なくこれらの特質が観察されるというのではない。ここに記した特質にはそぐわない事例は多分いくつもあるであろう。例えば、エチオピアの代表的な食べ物として知られるインジェラなどはたくさん作っておき、必要に応じて食べる。つまり、冷えている。また、噛まずに飲めるものでもない。そういった例外的な事例については各地で研究しておられる方々、あるいは旅行で実地の体験をした方々にご教示をお願いしたいと思う。私は、アフリカ料理全般を見渡した場合にかなり共通に観察される特質を記したのである。こうして全般的な特質三点を抽出してみると、それに対する例外は例外であるが故にかえってここに挙げた特質を際立たせる効果を持つのではないかと思う。また、私としてはそれらの特質がアフリカ女性の労働のあり方と関わっていること、さらには人々の思考の内にある自然と文化という二項対立的な概念と関わっているのではないかということを強調しておきたい。では、これからの諸章でアフリカ各地の料理をより具体的に見ていこう。

◉註

★1—たとえば 石毛直道『食事の文明論』、中公新書、一九八二年を参照。

★2—篠田統「主食と文化形態—あるいは「主食亡国論」」『世界の食事文化』、石毛直道(編)、ドメス出版、一九七四年、五〇—五一ページ。

★3—篠田、前掲書を参照。

★4—端信行『サバンナの農民』、中央公論社、一九八一年。

★5—cf. Esther Boserup, *Women's Role in Economic Development*, London, Allen and Unwin, 1970.

★6—竹村景子「チャアニ村の食生活　一家族における献立とその食材」『スワヒリ&アフリカ研究』第一四号、二〇〇四年、四七ページ。

★7—篠原徹『アフリカでケチを考えた　エチオピア・コンソの人びとと暮らし』、筑摩書房、一九九八年、一二七ページ。

★8—松本仁一『アフリカを食べる』、朝日新聞社、一九九六年、一五ページ。

★9—この点に関して敢えて記しておきたいのだが、特に夏の間、冷房が稼動している間、旅館などで供される会席料理は、もともと冷えている上に、冷房でさらに一層冷たくされ、口に入れると冷たい感触が際立つ。その上に、冷房で乾燥しきったものままである。何とかならないものかと思うが、日本料理はそういうものなのだと覚悟する以外にないのだろうか。

★10—石毛、前掲書(★1)、八ページを参照。

第二章―サバンナの雑穀、熱帯のマニオク、そしてバナナ

西アフリカ地域の諸国とそれらの首都

第一章でアフリカの食の特質について考察した。この章では、アフリカを全般的に見渡し、気候や自然環境を異にする二つの大きな地域でどのような食品が主食として食べられているのかを見ていく。章の前半では西アフリカのサバンナ地帯の食物を見、章の後半で熱帯地域の食物について見ることにしよう。

一―西アフリカの雑穀食

西アフリカのサバンナ地域ではいわゆる雑穀が主に食べられている。そこで、まずはじめに雑穀の定義から考えよう。

雑穀という日本語の響きは決して良いものではない。穀物という中立的な感じを与える言葉に比して、雑穀という一段劣る感じは否めないだろう。なぜ「雑」と言われなければならないのか。民族植物学の権威である阪本寧男氏によると、世界の広い地域で栽培されている稲、麦類、そしてトウモロコシを主要穀物とするのに対し、過去において人々の食生活に重要な役割を果たしたが、現在ではむしろ少数派になった穀類のことを雑穀というとされる。となると、「雑」という語が意味するところは、穀物そのものの価値の問題というよりも、時間的な古さが関わっているようにも見える。かつては地球上の広い地域で重要であった穀物、しかし現代においては表舞台からは退いた位置にいる穀物、そういう意味と考えられる。それが一般に雑穀

雑穀の穀物倉

上／収穫した雑穀を入れておく穀物倉。
乾季にはほとんど雨は降らないから、
植物を編んだ屋根でも問題はない。
下／穀物倉からは、
日ごとに必要な量を取り出して使う。
梯子は一本木を利用した、
なかなかおもしろいもの。

穀物の風選

収穫後の雑穀を村人が力を合わせて風選している。
木のスコップで穀物を空中に放りあげ、風で穀物殻を吹き飛ばす。

と称されているのである。ただし、アフリカやインド亜大陸では今でも重要な位置を占めていることも間違いない。

もう少し具体的に言うと、雑穀とはイネ科穀類の中でも、アワ、キビ、ヒエなどを総称する語であり、これを英語では一般にミレットという。一般に夏作物として栽培される。実のところ雑穀には多種あり、それらの主要な起源地はユーラシアとアフリカ、その中でも東アジア、インド亜大陸、そしてアフリカのサハラ砂漠南縁からエチオピア高原にかけての地域だという。ユーラシアとアフリカという二つの大陸で、それぞれ独自の雑穀が成立したというわけだ。ユーラシア起源のものとしてアワ、キビ、ヒエ、インドビエ、ハトムギの五種があり、アフリカ起源のものとしてはモロコシ、シコクビエ、トウジンビエがある。また西アフリカの一部地域にはフォニオと呼ばれる雑穀があり、これは特殊というか実に個性的な穀物なのだが、そのことは後に述べる。

雑穀は一般に土壌や気候条件などが不良な土地でもよく生育し、旱ばつなどにも抵抗性が強いこと、病害虫にも比較的に強いといった性質を持つ。さらに穂を束ねて納屋などに貯蔵しておくと、害虫もあまりつかずに長期間の保存ができるという性質をも持っている。★1 こうして見ると雑穀はアフリカのサバンナ地域に暮らす人々にとっては「雑」どころではないことが見えてくる。全く重要な「主」作物であることがよく理解できる。

もう少し阪本氏の著によって記しておこう。モロコシ(*Sorghum bicolor*)は現在、世界中で広く栽培されており、アフリカ原産の雑穀として代表的なものといえる。アフリカでは一般に粉にして、それを熱い湯の中に投じて練って固めの粥にしたり、クスクス状にしたりして野菜、肉などを煮たソース(汁)と共に食べる。発芽させたものを醗酵させてビール造りにも利用する。茎や葉は家畜の飼料として優秀なものとはいえないにせよ、他の草がなければ飼料になる。乾いた茎はもちろん燃料としても使えるし、小屋の壁材などにも使われる。栽培モロコシにはずいぶん多くの種類があるようだが、大きく分けて西アフリカのサバンナ地域で栽培されているもの、ニジェールからチャド、スーダン南部にいたるアフリカ大陸の中央北側で栽培されているもの、そして東南部アフリカのサバンナで栽培されているものの三系統に分けられるようだ。

もう一つの重要雑穀としてトウジンビエ(*Pennisetum americanum*)がある。トウジンビエを漢字で書けば唐人稗

トウジンビエの畑(上)
同じ畑に落花生も植えている。
西アフリカのかなり広い地域で
使われている長い柄の鍬。
スコップを小さくしたような
刃がついており、
除草専用の道具である。
セネガルのフルベの村で。

トウジンビエの穂と穀物倉(下)
収穫されたトウジンビエを
村人たちが倉に入れている。
村人にとっては
楽しい仕事の一つであろう。

となるのだろう。ヒエと名がついているが、かつて日本でも栽培されていたヒエ（稗）とは全くの別物であるという。西アフリカのサヘル地帯（サハラ砂漠の南縁一帯）、つまり降雨量が少ない地域でも育ち、穀類の中でももっとも耐旱性の強いものだという。私が滞在したセネガルの村での場合を見ると、モロコシは播種から収穫まで約四ヶ月かかるのに対し、トウジンビエは約三ヶ月である。モロコシ、トウジンビエともに、私たちになじみのある植物にたとえると植物体としてはトウモロコシを思い起こしていただければよい。主軸から大きな葉が出ており、モロコシの場合は主軸から葉が分枝する部分に幾つもの穂が生じるが、トウジンビエは主軸の先に一本の長い穂ができる。実（穎果）はモロコシの方がトウジンビエよりも大きい。これらの雑穀について、その発生や分布の経路など、詳しくは阪本氏の著書を参照していただきたい。

二―西アフリカのクスクス

ここでモロコシやトウジンビエを用いたクスクスについて記しておこう。クスクスというと一般にはモロッコ、チュニジアなどのマグレブ・アラブ地域の代表的な料理として知られている。小麦を粉にし、それに手を加えてセムールと呼ぶ小さな粒状にしたものを蒸し、肉や野菜の入ったシチューともいうべきソース(汁)をかけて食べるものである。このアラブ風クスクスはフランスなどでも大変好んで食べられている。もちろんフランスがアラブ地域の国をかつて植民地として占有した事実と関わっているのだが、セムールはフランスのスーパーや一般の食料品店などで簡単に手に入る。

アラブ地域のクスクスが小麦を原料としているのに対し、ここで述べるクスクスはセネガルやマリなど、サハラ以南の西アフリカで食べられているもので、原料はすでに記したとおり小麦ではなく雑穀である。したがってアラブ風クスクス独特の黄色に近いクリーム色ではなく、やや暗い緑色を帯びている。セネガルの場合、まずトウジンビエ、あるいはモロコシを臼と杵で搗いて粉にする。セネガルでは石臼(サドルストーン)は使われていない。臼でよく搗き、ふるいで粒を選っては更に搗き、完全に粉にする。この杵搗きが女性にとっての重労働なのである。この頃では電気で動く製粉機が村の共有施設として備えられているところが多くなっているようだ。

充分な粉ができると、大ヒョウタンを半割りにした容器に粉をいれ、僅かの水を入れて、右手で激しくかき回す。少量の水を入れているので、粉の塊が幾つもできる。激しく、何度もかき回していると粉の塊が小さな粒になっていく。セムール状になるわけである。それをふるいにかけて、細かい粒を選び、ふるいに残った大き目の粒はもう一度容器に戻して、更に激しくかき回す。これを繰り返して、全体を細かい粒状にしていく。こうしてセムール粉ができると、蒸しの工程に入る。金属製の甑《こしき》を使うのである。大きな鍋に水を入れ、その上にセムールを入れた甑を置く。もちろん、甑の底には小さな穴が幾つもあけられている。鍋と甑の境目は粘土でふさいだり、あるいは腰布を細く裂いた細帯を巻き、蒸気が逃げないようにする。こうして

トウジンビエの粉の加工
右上／杵で搗いたトウジンビエの粉に少量の水を加え、半割りの大きなヒョウタン容器を使って、トウジンビエの粉をよくかき混ぜる。最初は大きめの固まりがいくつもできるが、よくかき回していると、均一な小さな粒になる。
左上／ふるいを使って、粉粒の大きさを整える。ふるいはアフリカではよく使われる道具の一つだ。
トウジンビエを蒸す（下）
下の鍋には水だけを入れる。その上に乗せた甑でトウジンビエの粉を蒸す。鍋と甑の間は布地を細く裂いた紐などで巻いて蒸気を逃さないようにする。フルベの村で。

都市で杵搗きの仕事をする
セネガル、ダカールの市場の一角で雑穀の杵搗きを仕事にする女性たち。かつては乾季の間、地方から出稼ぎに来た女性たちの仕事だったが、最近では年間を通しておこなっている。

蒸しあげるのである。

言い忘れたが、セムール粉は蒸す前にラーロという乾燥バオバブ粉を混ぜておく。バオバブの葉を乾燥させ、搗いて粉にしたものである。ラーロは見たところ抹茶粉に似ているが、水で溶くと粘性があり、セムール粉にとろみをつけるのである。また、バオバブの葉ではなく、アカシア属の木(*Acacia senegal*)の樹液を湯でといて混ぜたりもする。やはり、とろみをつける働きをする。この樹液もラーロと呼ばれており、そのことからするとラーロとはバオバブの乾燥粉というより、「とろみをつけるもの」と言った方が正しい。このアカシア属の木の樹液はアラビアゴムの原料でもあり、一八世紀から一九世紀にかけて、西アフリカ沿岸地域一帯で奴隷交易が盛んであった時代、アラビアゴムが採れる地域では奴隷と同じほど重要な産品であった。当時のヨーロッパで、アラビアゴムは布地を染めるときの必需品として需要は大変大きかったのである。余談になるが、このアカシア属の木の樹液は、木の幹の表面を傷つけておくとそこに流れ出るヤニなのだが、そのまま口に入れるとかすかに甘みのある飴玉のようである。子供たちのおやつにもなる。

話を戻す。クスクスが蒸しあがると、牧畜民であれば牛乳をかけて食べるのを好む。新鮮な牛乳をかけて、右手ですくって食べる。私がフルベの村に滞在していたとき、夕食は毎日これであった。私は毎日食べて、飽きることがなかった。クスクスの味と牛乳の味が絶妙のハーモニーをかもし、まことにおいしかった。

セネガルの都会においてもクスクスは結構好まれている。ただし、モロコシを粉にする工程を家庭でする婦人はもうほとんどいない。その代わり、「杵搗き」を専業にしている婦人たちから粉を買うのである。この「杵搗き婦」たちは、ダカール市内のある市場の一隅に集団で場を占め、毎日の午後、杵を搗いている。私は、かつてこの婦人たちについて調査したことがあるが、全く大変な仕事であることが分かる。かつて八〇年代においては、乾季にだけ地方の女性たちが出稼ぎとしてダカールなどの都会にやってきて杵搗きをするのが常であった。都会の人々に言わせると、乾季にだけ見られる一つの「風物詩」であったという。ところが、九〇年代に入る頃から乾季、雨季を問わず一年中見られるようになった。地方部での生活が困難になった女性たちが集団で都市に住み着き、暮らしを立てる手段として市場の一角などを仕事場として杵搗き作業をするようになったのである。私が調査したとき(一九九三年)、ダカール市内のある市場では三〇〇人を超す女性たちがこうして杵搗きに従事していた。朝暗いうちから夜一〇時ぐらいまでも働くという。市場でトウジンビエやモロコシを買い、それを搗く。搗いて粉にし、先に述べたとおりの作業をして、クスクスとして食べられる状態にまで加工した後、家々を回って売る。仕事が順調に行けば二ヶ月から三ヶ月の労働で村に米一袋(五〇キロ)を送ることができるという。杵搗きの工程で生じる細かいほこりのせいであろうか、皮膚をやられ、疥癬に悩む人が多いということであった。

三―マリ共和国のトー

セネガルの隣国マリでトーと呼ばれている練り粥、あるいは固粥と同種のものはアフリカの広い地域で食べられている。トウジンビエ、モロコシなどの雑穀を製粉し、それを固めの粥というか、柔らかめの餅のようにし、何らかのソースをつけて食べる。

鍋に湯を沸かしておいて、それに雑穀の粉を振り入れる。そして木製の大きなへらなどを用いて、しっかり力を入れてかき混ぜる。ねっとりと固めの粥状になればできあがりである。小さなヒョウタンを半割りにした杓子などで固粥をすくい取り、容器に裏返しに置くと丸い半球形のやわらかい餅のような固粥ができる。西アフリカの多くの地で食されており、ソースとしてこれと一緒に食べるのにはオクラをベースにしたものが多い。オクラだけというソースもあり、その場合は緑色のねっとりとしたソースをつけて食べることになるが、これだけでもとてもおいしい。

トーはしかし、何といっても熱いうちに食べないといけない。冷えてしまうと、おいしくは感じられない。第一章で述べたアフリカの食の特色の一つ、熱くなければいけないという食事の代表的なものといえよう。

さて、トーは固粥である。大きな団子状に丸めて供されることが多い。すると、団子の表面は冷めやすいが、その内部は強い熱を保持したままになりやすい。食べるときは、このような状態である。これを手で食べるわけだが、人差し指と中指をあわせて団子状の固粥の中に突っ込み、食べやすい量をとってソースにつける。指を団子の中に突っ込むと、これが実に驚くほど熱いのだ。火傷をするようで、思わず指を引っ込め、息を吹きかける仕儀になったりする。しかし、こうして熱い思いをしながらいただくのがおいしいともいえる。日本の中華食堂で熱い焼き餃子をいただくときの熱く、おいしい味わいを思い出していただければよい。

トーに類した雑穀粉の固粥はマリからずっと東に位置するスーダンなどでもよく食べられている。調理法、食べ方はマリのそれと同様であった。やはり、熱いうちにオクラをベースにしたソースをつけていただく。

四──特殊な雑穀フォニオ

西アフリカのマリ共和国、ニジェール川が大湿地帯を形成している中流部の南側、断崖と言って誤りではないほどの岩の多い山肌が続く。この岩の多い台地を生活域にし、少ない土地を利用して農業を主に暮らすドゴンと称する人々がいる。ドゴン人は世界の創世を説明する雄大な神話をもち、その神話にもとづく儀礼が今でも人々の生活に生きていることでよく知られている。その神話は「はじめに、すべてのものに先立って、アンマ(*Amma*)すなわち神があった」という言葉で始まる。アンマ、すなわち神は卵の形をしており、始原の時、空無の宇宙に卵として現れたのである。その卵の中にフォニオの種が創造される。それは目に見えず、中心に位置したという。★2

ドゴン人の創世神話に現れるこのフォニオこそ、西アフリカでも特徴的、かつ個性的な穀物のことである。はじめ、目には見えなかったと記されているとおり、日本風の表現をすればケシ粒のように小さい。実際はケシ粒よりはわずかに大きく、しかしカラシの実ほど大きくはないというところだろうか。色は白い。炊き上がったものを噛むと、弾力性を示す。粒そのものには味はほとんどないような印象を受ける。

フォニオは世界創世を説明する神話に姿を現す植物であるが、実際、大変古い時代に栽培化されたものであるようだ。植物学的にはメヒシバ属(*Digitaria*)に属し、野生のものと栽培化されたものとがある。野生のものは熱帯地域のアフリカ全土に分布しているという。野生のものでも飢饉の時などには人間に利用されたらしい。栽培化されたものについては、フォニオという名で一般に知られている。この名はマリやギニアなどに多く住むマンデ系の人々の言語を起源にしているとおり、フォニオはマリ、ギニアを中心とした地域で古くから栽培されたようだ。西アフリカ西端の地からチャドあたりまでの広い範囲で栽培されており、名称も地域によって異なるがほとんどの名称がフォニオに類似したものになっている。野生と栽培の境い目はあまりはっきりしないようだ。一四世紀半ばの偉大なアラブ人探検家イブン・バトゥタがこのマリ、ギニア地域を訪れた際にフォニオを食事に供されたという記録が残っているという。トウジンビエやモロコシなど、西アフリカにおいて人々が日常的に食している雑穀が収穫期を迎える直前の時期、つまり端境期として食糧が少ない時期にこのフォニオは重要な役割を果たしているようだ。★3

フォニオも穀粒を脱穀してから臼で搗き、ふすまを除いて、さらに細かい粉にしてのち、練り粥にして食べる。あるいは脱穀した穀粒をそのまま蒸して、ヤシ油などを加えて食べる。私自身は、もう二〇年ほども前、ブルキナファソでフォニオ料理をいただいたことがある。練り粥ではなく、穀粒を蒸していわゆるクスクスのようにしてソースをかけて食べるものであった。すでに記したとおり粒そのものにはあまり味を感じなかったが、粒の各々に弾力性があったのを記憶している。

五―マニオク

マニオクがどのような食品であるかについては、本書「はじめに」において簡単に触れておいた。マニオクはアフリカ原産のイモではなく、一六世紀以降の大西洋奴隷交易に伴ってヨーロッパ人の手によって南米地域からアフリカにもたらされた栽培植物である。アフリカからアメリカ地域に奴隷を輸送する際の船内での必要食糧としてアフリカにもたらされたらしいのだ。無毒のもの、有毒のものがあり、有毒マニオクの場合、毒抜きの過程が必要になる。無毒マニオクは調理の過程において毒抜き工程が不要であるから、したがって無毒マニオクの方が栽培量が多いかというと、実際にはそうとは言えず有毒マニオクの栽培量も多いのである。比較すればむしろ有毒マニオクの方が栽培量は多い。そこには有毒マニオクの方が収量が多いという事実が関わっていよう。また、有毒なのだから虫害にも強いということも考えられる。

ところで、一九八〇年代後半のアフリカ(北アフリカ地域と南アフリカ共和国を除いて)における主要食糧作物の生産量を見ると、トウモロコシが一九〇〇万トン、トウジンビエは九九〇万トン、モロコシ一四〇〇万トンであるのに対し、マニオクは六〇〇〇万トンと群を抜いて多いのである。とりわけ西アフリカ、中部アフリカ地域においてマニオク生産量は多い。これには都市住民、つまりみずからは農産物を作らない大量の人々向けの食糧としてマニオクが重要な役を果たしているという事実が関わっている。[★4]マニオクはもともとアフリカ原産ではないにもかかわらず、奴隷交易に際しての必要食糧としてアフリカに導入され、現在では広大なアフリカ大陸の西部から中部にかけての広範な地域に暮らす人々にとって日々不可欠の食糧になっているのである。次の第六節で、まずアフリカ中部の現コンゴ民主共和国（旧ザイール）でマニオク栽培がいかに急増していったか、またその重要性について武内進一氏、及び佐藤弘明氏による詳しい調査報告★5に基づいて見ていこう。

六──コンゴのシクワング

コンゴ川(旧ザイール川)河口地域はアフリカ大陸においてマニオクが最初に導入された地域の一つであるという。一六世紀後半のことだ。その後、マニオクはこの地域において急速に栽培量が増えていったわけだが、現在のコンゴにおいてマニオクが基盤食糧としていかに重要な位置を占めているかは、まずその消費量に端的に表れている。コンゴの全国平均で一人一日あたりのマニオク消費量は一キログラム以上であり、それによる栄養摂取は総供給熱量の五六パーセント、蛋白質の二二パーセントを占めている。一六世紀にマニオクが導入される以前に人々が依存していた食糧に完全にとって代わったと言えよう。都市人口が増大するのに伴って都市住民向けの食糧生産が必須のものになる。例えば首都キンシャサは現在三五〇万人を超す住民を擁しており、その都市住民の食糧需要に応えるためのマニオク生産は周辺農村の農民にとって最重要の現金獲得手段になっているのである。

ついでながら、コンゴの首都キンシャサの人口が三五〇万人超という多数であることに驚かれるかもしれないが、アフリカ諸国の大都市の人口はいずこも大変多い。セネガルは国としてはむしろ小国(面積について)なのだが、その首都圏は全国土面積の〇・三パーセントを占めるに過ぎない。この狭小面積の首都圏に国の総人口の二〇パーセントにも及ぶ約二〇〇万人超が暮らしている。

コートディヴォアールの旧首都アビジャン(現首都は一九九八年以来ヤムスクロに変更されている)も約三〇〇万

人を擁しているし、ナイジェリアの旧首都ラゴス（現首都は一九九一年以来アブジャ）に至っては一千万人を超す人口を擁している。多くのアフリカ諸国においては、かくも数多い都市住民の安寧をともかくも維持し、いかにして大多数の人々に不満をもたせないようにするか、それは政権の維持に関わるおそらく最重要の案件であるのは間違いない。政治家にとって、都市住民への安定した食糧供給は文字通り喫緊、かつ最重要の問題なのだ。

マニオクはイモ、つまり木の根茎部分を食べるのだが、地上部分の木の高さは四メートル以上にもなる多年生植物である。寒冷には弱いが、多雨地域で、そして逆にかなりの乾燥地域にも育ち、土壌の質についても許容度は高い。さらにバッタの害にも強い。植え付けは基本的には年中いつでも可能なようだが、実際には雨季が始まる頃に植え付けられることが多い。マニオクは栄養繁殖作物ではあるものの、根茎の一部を切って植えるのではなく、木の枝を利用する。二〇センチ程度に切った枝を鳥の足跡状に地面に並べ、その上から軽く土をかぶせていく。植え付けてから、無毒のマニオクなら八ヶ月から九ヶ月ほどで収穫が可能になり、有毒のものは収穫までに一二ヶ月ほどかかる。ただ、生育期間については、マニオクの種類によって相当の違いがある。

コンゴ民主共和国のほとんど中央部、コンゴ川の支流チュアパ川上流部に住むボイェラ人は焼畑農耕を主とする人々である。彼らの社会では大木の伐採は男性がするものの、その他の農耕作業はほとんどすべて女性によってなされている。マニオクの植え付け、畑の管理、マニオクの収穫も女性がする。マニオクは収穫が可能になってから後三年ぐらいの間、収穫し続けることができる。単位面積あたりの収量が多く、しかも植え付けて後はさほど手のかからない作物として有用性は大きい。

さて、一六世紀後半にコンゴ地域にもたらされたマニオクはその後、急速に広まり、一八世紀には同地域の人々の主食となるほどであった。マニオクは有毒のものがある以上、毒抜き調理法も同時に伝えられたはずだ。いずれにせよ、コンゴ川を通じての奴隷の移送をするアフリカ人交易商人の活動範囲の広がりと軌を一にするようにマニオクの栽培地域も広がり、コンゴ川を遡っていったわけだ。こうして二〇世紀の半ばになると、マニオクはコンゴ全体でもっとも作付面積の大きい作物になっていた。ちなみに、一九五二年レオポルドヴィル州(現在のバ・コンゴ州とバンドゥンドゥ州に匹敵)での作付面積を見ると、トウモロコシが四万七千ヘクタールほど、プランテン・バナナが一万ヘクタールほどであるのに対し、マニオクは一三万一千ヘクタールを超している。このようにマニオクの栽培量が急増した背景には植民地政府(ベルギー)が救荒食品としてのマニオク栽培を奨励したからだという見方があるけれども、それよりも植民地化以前の段階から農民たちはマニオクを選好し、耕作していたのだというのが武内進一氏の見方である。植民地化の影響はむしろマニオクが商品として持ち始めた重要性の方に見られる。

アフリカの多くの国でそうであるように、コンゴでもベルギーの植民地行政のもとで産業化・工業化が進められた。産業化のためには多くの人手、労働者が必要であり、人々が農村部から都市部へと移動させられた。しかも、男性労働力が多く求められた。一九四五年に一〇万人ほどであったキンシャサの人口は一九五九年には四〇万人を超えるに至った。この人口増には食糧増をもって応えなければならない。まさにマニオクを主食としていた人々の需要に応える必要があったのである。かくして、マニオクは一方で都市住民の重要な基盤食糧となり、他方ではそのマニオクを供給する都市周辺農民にとって重要な所得獲得手段になっていったわけである。

ところで、コンゴの人々は一般にマニオクをどのように調理して食べているのだろう。首都キンシャサの多くの労働者間でもっともよく食べられているのがシクワングと呼ばれるマニオクのモチ(餅)である。色は乳白色、弾力性があり、「ういろう」に似ているがもっと重量感がある。モチと言ってよいだろう。

マニオクの皮を剥き、水にさらして毒抜きをする。その後、天日で乾燥させる。乾燥させたマニオクをコセットと称する。コセットはからからに乾燥しているが、これをさらに三、四日水に浸す。水を含んだコセットは当然、膨張する。それを丸みを帯びた木片でつぶし、延ばしてパテ状にし、これをさらに木の臼で搗いてなめらかにする。こうしてできあがったモチ状のものをバナナの葉などでくるみ、そのまま熱湯に入れて煮るのである。これでぷりぷりしたモチ状のシクワングになるが、実際にはこれを細分して、もう一度熱湯で煮て、最終的にシクワングができあがる。(ただ、シクワングの作り方には地方差がかなりあるようだ。)

シクワング自体にはさほど味らしいものがあるわけではないという。そこで「おかず」になるのが、マニオクの木の葉を煮込んだもので、これはポンドゥと称されている。もちろん肉や魚を煮込んだソースで食べることもある。ポンドゥだけで食べるシクワングで充分お腹はふくれるが、ただ栄養面での心配はあるかもしれない。ともかく、お腹をふくれさせるものであることは間違いない。大きな餅を食べた時の状態を思っていただければよいだろう。

シクワングはもちろん家庭料理としても食べられているのだが、都市労働者が手軽に食べることのできる昼食としてずいぶん利用されている。安くて、量が多い。キンシャサの街中では屋台にシクワングを積み上げて売る女性を多く見るという。人々はシクワングを買い、別の屋台で好みのおかずを買って食べる。つまり、キンシャサの多くの労働者たちの日々を支えているのは、家の裏手でコセットをこねて、シクワングを

作っている多くの女性たちであるのだ。★6

念のために記しておきたいが、コンゴの人々はマニオクだけを主食としているのではない。トウモロコシやプランテン・バナナもよく食べる。また、地域によっては米をよく食べる人々もいる。また量的には少ないものの、ヤムイモやサツマイモ、タロも食べる。

マニオクの食べ方として、ただ煮ただけの、つまりイモとしての食べ方は少ないようだ。この点は、後の第四章で述べるセネガルでのマニオクの食べ方とはずいぶん異なる。セネガルではマニオクは主食ではなく、主に米料理の添え物として食べられている。その場合、マニオク(無毒)は皮を剥いてイモを煮汁のなかで煮るだけである。それを米料理を食べる時にときおりのアクセントをつけるかのように口に入れる。いわば、おかずであるが、しかしおかずとしてはほとんど味がないとも言え、その点からは増量材として意味を持つのかもしれない。ともかく、米を主食とするセネガルの都市民において、マニオクは皮を剥いて煮るだけの簡単な調理しかなされていないわけだ。しかし、コンゴでのようにマニオクを主食として食べる人々の間では、ずいぶん手の込んだ調理、料理がなされていることがよく分かる。

七—コートディヴォアールのアチェケ

マニオクが主食として食べられている地域では手の込んだ調理がなされるということに関連して、西アフリカ・コートディヴォアール南部の都市近郊では驚くべきマニオク調理文化が発達している。そのことについて述べよう。

コートディヴォアール共和国は、先のコンゴが赤道直下にあると言ってよいのに比べるとだいぶ北側に位置するが、西アフリカのギニア湾岸、熱帯降雨林地域に属している。話の本筋からはやや逸れるのだけれど、コンゴでもコートディヴォアールでも数年来、政治的な紛争が続き、社会的に大きな混乱をもたらしている。これら両国は共に広大な面積を持ち、自然資源の豊かな国である。コンゴはベルギーに、コートディヴォアールはフランスに植民地化された経験を持つ。両者に共通するのは、独立(共に一九六〇年)以降のカリスマ的な政治指導者の政権があまりに長く続いたがゆえに政権内部の腐敗と同時に、政治・経済的な諸矛盾が激化していったこと、そしてカリスマ的政治指導者の死とともに腐敗や矛盾が一気に表面化し、それが民族間の軋轢といった形をとって深刻な紛争に発展していったことである。コートディヴォアールについては、カカオ、コーヒーの栽培などで「奇跡」と言われるほどの経済発展を遂げ、表面的には安定した国であると思われていただけに、独立後の初代大統領の死後、急に噴出した混乱は世界を驚かせた。ただ、その混乱の種は「奇跡」的な経済発展の中にすでに芽生え始めていたのだ。両者共に自然資源豊かな国であるがゆえに、かえってその配分をめぐっての混乱は続く可能性があり、紛争の解決はまだ長い時間を必要とするかもしれない。

さて、コートディヴォアールでもマニオクが導入されて以降、急速に栽培は増え、主食としての重要な地位を占めていき、都市住民の食糧源としての役割を果たしていくのだが、ここでの記述は同地域のマニオク料理について詳しい調査をした茨木透氏の報告を基にすることになる。★7

現コートディヴォアール地域へのマニオクの導入は一八世紀に入ってからであるらしい。それ以前、この

モダンな都市アビジャン
コートディヴォアールの主要都市アビジャンの中心部を見る。豪壮な高層ビルが並ぶ。

地域の人々はプランテン・バナナやヤムイモなどと並んで、トウモロコシ、ミレット（雑穀）、稲などを栽培していたようだ。ところが、全く興味深いことに、現在これらの穀類はわずかのトウモロコシを除いて完全に姿を消してしまった。マニオクにとって代わられたのである。確かに、ミレットは熱帯降雨林地域よりも半乾燥のサバンナ地域の方に適した作物ではある。しかし、稲の栽培は続けられていてもよかったはずだが、マニオクに比べると稲の栽培にはより多くの手がかかるというのも姿を消した原因の一つであろうか。誤解のないように記すが、ヤムイモ、プランテン・バナナはマニオクと並んで現在も栽培されており、ヤムイモの栽培量はマニオクよりも多い。プランテン・バナナもマニオクとほとんど同じほど栽培されている。

マニオク栽培は焼畑耕作によっておこなわれている。マニオクが人々の主食源として重要になると、その需要に応える形でマニオク栽培量を増やす女性の現金収入源になり、それに伴ってより多くの栽培面積が必要となる。コートディヴォアールでは先に記したコーヒー、カカオやアブラヤシ、ゴムの木などもプランテーションとして大々的に栽培されている。そのような中でマニオクの栽培面積が増やされ、地域によっては耕作可能な土地はすでに飽和状態に達しているところもあるという。

マニオクは焼畑で栽培されるため、まず休閑地に生えた木々を伐採することから仕事が始まる。木の伐採、それに続いて伐採された木が乾燥するのを待って火入れがおこなわれる。そして最後に整地がなされるまでにおよそ二ヶ月かかる。これらの開墾作業は男性によってなされる。マニオク畑は一般的には一回栽培されると、その後は休閑に入る。

畑としての整地が終わると、マニオク植え付けのための塚を手鍬をもちいて作っていく。土を盛り上げるわけだ。この作業は男女共におこなう。腰を折り、塚を一つずつ作っていく作業だからマニオク栽培の作業の中でも辛い工程の一つである。こうして塚状に土を盛り上げた後、そこに二〇センチから三〇センチに切ったマニオクの枝を地面に平行に差し込み、埋めていく。先に見たコンゴのボイェラ人社会での植え付け方とはやや趣を異にしているのが分かる。マニオクは植え付けて後は、数週間で芽を出し始める。そして、収穫ができるようになるまでの間、草取りは一回か二回すればよい。さほどの手はかからないのである。

収穫は女性によってなされる。マニオクは収穫して、そのまま放っておくと変色するという性格がある。だから、まとめていちどきに販売するという目的でもない限り、収穫はその都度に使う分量だけにしぼる必要がある。これは、一面からすると収穫後の長期保存ができないという意味でマニオクの不利な点である。しかし、掘り出さずにイモを地中においておけば保存がきくわけで、この面からするとマニオク栽培の有利な点になる。イモは腐らず、しかも地中においておいた分、さらに太ることにもなる。畑を作れば、畑そのものが貯蔵場所になるので、別にイモの貯蔵庫を作る必要はないことになる。ただし、調理のたびにいちいちその場所までイモ掘りに出かけなければならない大変さについてはまた後に述べる。

有毒マニオクの場合、品種によって異なるものの、植え付け後約九ヶ月すると収穫が可能になるという。コンゴでの有毒マニオクについては収穫まで約一二ヶ月かかるという報告があるから、地域差、品種差はかなり大きいわけだ。一度、収穫が可能になるとその後の約一年間に渡って収穫し続けることができる。品種によっては植え付け後の生育期間が約六ヶ月という短いものもある。無毒マニオクの種類も四品種あるというが、こちらの作付け量は少ない。

これでコートディヴォアール東南部、海岸地帯で栽培されているマニオクはそのほとんどが有毒マニオクであることが分かった。つまり、毒抜きの工程を必要とするものだが、この地域でのマニオクはアチェケという名で広く知られる食品に加工される。アチェケは径一ミリほどの大きさ、薄い黄色がかった小粒状の食品である。北アフリカ、モロッコやチュニジアでよく食され、日本でもアラブ料理店などで食べることのできる小麦をベースにした食品クスクスを思わせるところがある。実際、「マニオクで作ったクスクス」と呼ばれたりするのだそうだ。わずかに酸味がある。調理の過程に醗酵を含むからである。アチェケの製法を知ると、実に手が込み、洗練された食品だなという印象を受ける。私はかつて茨木氏に伴われて、彼の調査地の村を訪れ、村の婦人の手になるアチェケをご馳走になったことがあるが、とてもおいしいものであることを実感した。以下に、茨木氏の報告によって、アチェケの製法を詳しく見てみよう。

茨木氏が調査した民族名称をアジュクルと称する人々の村では、女性は週に一回から二回の頻度でマニオクをアチェケに加工する。

まず、必要な量のマニオクを掘り出すことから仕事は始まる。家から畑まで三キロから四キロも離れていることがある。掘り起こしたイモを家まで運ぶのに自動車などは使われず、人力であるから女性一人で遠い畑へマニオクイモの収穫に行くのは大変だ。自動車が通れるような道がついている畑はほとんどない。手伝いの子供がいれば、女性は子供連れで畑へ出かける。朝から畑へ向かい、収穫を終えて家に戻ると昼になっている。行くときは身軽でも、帰りは何十キロもの重さがあるマニオクを頭にのせて、数キロの道のりを歩くことになるのだ。週に一、二度というアチェケ作りのたびにこの遠い畑に向かう収穫作業をしなければならない。小学校が休みの日などにはアチェケの加工量が増大するという事実は、女性が手伝い用の子供を伴って畑へ出かけるということが関わっているからである。アフリカの多くの社会では「子だくさん」が指摘されるが、子供たちは労働力としてきちんとした役割を果たしているのだ。

家に帰り着くと、ただちに家の内庭でマニオクイモの皮剝き作業に移る。包丁を使ってマニオクの皮を剝き、イモを数センチ角の大きさに切り分ける。そのとき、マニオクイモの中心部にある固い繊維分を取り除く。この繊維分は実際に見ると、木の芯とでもいった感じで、太さは二ミリほどもある真っ白で固い繊維である。角形に切り分けたマニオクはたらいに張った水につける。掘り取ったマニオクからアチェケを作る時の最初の工程であるこの部分は家族総出でなされるという。子供たちも、またしばしば夫も妻に協力しておこなう。ただし、夫はこれ以降の工程からは手を引くのだが。

皮剝きしたマニオクイモを、何度か水を替えながら浸けるのはイモについた汚れを洗い落とすためでもあるが、同時に水にさらすことによってマニオクの毒を抜いているのである。マニオクに含まれる毒は青酸毒で水溶性なのだ。こうして夕方近くまで水に浸けたイモは大きなたらいに移され、村のイモ粉砕機があるところへ運ばれる。動力粉砕機を使うと、大量のマニオクイモが数分で粗い粉になる。ただし、粉砕機は村の共有なのではなく、個人の私有であり、その使用にあたっては使用料を払わねばならない。言うまでもないが、粉砕機が導入される以前、人々はマニオクを臼と杵で潰していたのだ。

さて、マニオクの粉砕時、マニオクと一緒に粉砕機に入れられる二つのものがある。二つともアチェケ作りに重要なものだ。一つはアジュクル語で「リジュル」と呼ばれ、菌が繁殖したマニオクのことである。各家庭の調理器具置き場の一角にはリジュルを繁殖させるための菌床があり、ここにアチェケ加工用のマニオクとは別に、三〇分ほど茹でたマニオクを麻袋に入れて三、四日間放置しておくと菌が繁殖する。表面に黒い菌のかたまりができるが、それを削り取った後の白い部分を粉砕するマニオクに混ぜるのである。そして、このリジュル混入の割合がアチェケ加工にとってとても重要なのだとアジュクルの女性たちは言うのだぞうだ。もう一つ、マニオクに混ぜられるのはヤシ油であり、こちらは風味を増すためだという。リジュルにせよ、ヤシ油にせよ、混ぜることによっていかなる化学作用が起こるのか詳しいことは分かっていないようだ。

粉砕されて粗い粉状になったものをアジュクル語で「マン」というが、これを再びたらいに入れて家に持ち帰り、一晩寝かしておく。この段階で醗酵が進むわけだ。ここまでの行程を終えたところでやっとアチェケ作りの第一日目が終わった。朝、畑に出かけることから始まって、ここまでの工程を一日でするわけだから、アチェケ作りはなかなか大変であることがすでにして分かるが、翌日にはまた手のかかる仕事が待っている。

翌日の作業は、醗酵が進んだマンの水分を搾り出すことから始まる。鉄製の圧搾器の上下二枚の鉄板の間に袋に詰めたマンを挟み込み、可動式の上部鉄板に取り付けられたネジを回転させて、万力の要領で水分を搾り出す。かつては、袋の上に重い石をのせて搾り出した。

水分が抜けて固くなったマンをほぐす。目の粗いふるいを用いて、ほぐす。ほぐされたマンは一粒一粒の形がばらばらで角がある。それを口当りのよい、丸い形の粒にするには大きな木鉢が使われる。女性は直径一メートルを超すような大きな木鉢を身体の横に片膝を使って斜めに据え、反対側の手でマンを下からすくい上げる運動を繰り返す。上にあげられたマンの粒はみずからの重みで下に転がり落ちる。これを繰り返しているうちに粒は次第に角が取れ、丸くなっていくのである。しかし、圧搾器での圧搾が強すぎて、水分が少なくなりすぎると粒はうまく丸まらない。このようなときには、側に置いた水を少し加えて適度な湿り気を与えたりする。この加工部分がアチェケ作りのもっとも微妙な技能を要し、かつ時間もかかる部分なのである。女性の腕の見せ所ということになるが、第一日目の畑からのマニオクの運搬同様、力仕事でもあるのだ。

角がとれ丸くなり、粒がそろったマンは、大きな箕《み》にうすく撒いて自然乾燥させる。そのために必要な箕はどこの家庭にも数十枚はあるのだという。ただし、乾燥させすぎると風味が落ちるので、適度なころあいを見計らってたらいに集める。

ここから最後の仕上げの工程が始まる。目の細かいふるいにかけて大きすぎる粒や繊維分を取り除く。さらに、細かい繊維や微粉を取り除く。これをするためには風選でおこなうが、風がない日には小さな箕に少しずつのマンをのせ、箕をくるくると回し、遠心分離の要領でおこなう。こうすると、細かい繊維や微粉は箕の中央に集まるのである。それを取り除けばよい。こうして精選されたマンを蒸しあげて、アチェケは最終的に出来上がることになる。大鍋に湯を沸かし、その上に底に穴の開いた金属製の甑《こしき》をのせて蒸すのである。次章で、セネガルでの米の炊き方について述べるが、セネガルでは米は必ず先に蒸してから炊く。そのときの蒸し方がこのアチェケの蒸し方と同じである。鍋と甑の間は水で練ったマンで目張りをして蒸気が逃げないようにする。二〇分から三〇分蒸すが、甑の上に蓋をすることはなく、蒸しの途中でへらを使ってマンを上下に混ぜ返すのである。蒸気を含んだマンが全体に薄黄色になってくると、これでやっとできあがりとなる。できあがると、炙ったバナナの葉をしいた竹かごに移して保存される。

と、こうしてアチェケの製作工程を見てくると、ずいぶん手が込んでいることを実感していただけると思う。まる二日がかりの仕事なのである。時には、マンを蒸す工程での薪が不足して、蒸しを二日に分けておこなうことがあるといい、そうなると三日がかりの仕事ということになる。できあがったアチェケは三日間から四日間の保存が可能である。したがって、女性たちは毎週少なくとも一度、あるいは二度のアチェケ作りをするわけなのだ。これはなるほど大変な仕事ではある。しかし、同時に女性たちにとっての現金収入を得る手段でもある。その点は、コンゴにおいてのマニオク加工食品シクワングがコンゴ女性の重要な現金獲得手段になっているのと同様であるといえよう。いずれも、都市住民、特に都市での労働者たちへ食事を提供する役目を果たしており、それが女性の収入源にもなっている。一般的には、土曜日の夕方には新しいアチェケができ上がるようにするのが一つのリズムだという。アジュクルの人々の多くはキリスト教徒であり、日曜日にできたての新しいアチェケをいただくことに意味が込められているのだろう。

茨木氏によると、アチェケの加工は職人技ともいえるほどの熟練を要するものであり、アチェケには食品としての見た目の美しさ、口当りのよさが要求されるのだという。女性たちはアチェケの粒をなめらかにするために長い時間をかけ、繊維や微粉を取り除くことに実に細心の注意を払うという。

茨木氏はまたアチェケ作りに使われる道具を列挙しているが、これも充実している。マニオクイモの粉砕機、マンの圧縮機といった大型のものがある一方で、灰汁《あく》(青酸毒)抜きに使うたらい、直径一メートルを超すかという木鉢、大小の箕、粗い目と細かい目のふるい、蒸し器(土器製と金属製がある)、蒸しているアチェケをかき混ぜる木製のへら、蒸しあがったアチェケに使う杓子、できあがったアチェケを保存するためのざるに至るまで、アチェケ作り以外には用いられない、まさにアチェケ専用の道具が幾つもある。マニオクの皮剝き用のナイフだけが専用ではない。箕やふるい、ざるなどの道具はアチェケを作る村の女性たち自身が作るのかというと、そうではなく市場で購入してくるものだという。

アチェケはどのようにしていただくのか。茨木氏によると、もっとも簡単な食べ方としては塩をおかずにするものだ。指先に塩を少しつけ、ぺろっと塩を舐めてはアチェケを口に運ぶ。玉ねぎと緑色の辛味の強い唐辛子のみじん切りを油と塩であえたもの、これはもう立派な薬味であり、これに揚げた魚がつけば昼食として形が整う。一般の家庭では、魚や肉を使った薄いスープ状のソースと一緒に食べることが多い。茨木氏の表現では、この食べ方は日本でのご飯と味噌汁を交互に口に運ぶ食べ方と同様で、アチェケとスープを交互に食べていくのだという。さらに豪華な食べ方としてはアチェケにヤシ油を混ぜたものがある。ヤシ油は目に鮮やかな濃いオレンジ色をしており、その色艶ゆえにアチェケはいっそう食欲をそそるものになる。人は、アチェケを右手を使って、掌で食べやすい大きさに握り、口に運ぶ。アチェケはソースにつけて食べるというよりも、ソースはスプーンですくいとって口に運ぶ。アチェケはやはり手で握って、口に運ぶ、これが正統派の食べ方なのだという。

私は本書第一章において、アフリカ料理の基本的特徴として三つの点を挙げ、その一つに主食とおかずが「一体化」しているものが多いことを記した。しかし、アチェケの食べ方を見ると、これは私が述べた基本特徴からは少し外れるようだ。アチェケについては、日本のご飯(米)と汁のように、汁はご飯をよりおいしく、より多く食べさせるためのものとして存在するというのに似ており、塩を舐めながら食べたり、唐辛子と塩入り油で食べたり、ソースで食べたりしている。主食とおかずを交互に口に運ぶ、「日本風」の食べ方に似ている。

フーフー

西アフリカのマニオクはこれまでに述べてきた食べ方の他にも色々な食べ方をされている。茹でてつぶし、練り粉のようにしたものを手で団子状に丸め、それを油で揚げたものを香辛料のきいたシチュー状のスープと一緒に食べることもある。また、西アフリカで地域によってフトゥと呼ばれたり、フーフーと呼ばれたりする大きな団子状、モチというか練った固粥とも言えようが、要するに柔らかめの団子を作り、それをトウガラシの効いたスープなどと食したりもする。

私はかつてトーゴ共和国の首都ロメのホテルに滞在中、フーフーをいただいたことがある。これは実に豪華なものであった。そのホテルは決して高級ホテルというわけではなく、お客に西欧人はほとんど見かけず、アフリカ人旅行客向けといった趣のホテルであったが、ホテル付きの食堂で供される食事はいずれもいわゆるフランス料理が主であった。メニューに現地風の食事は載っていないのである。

ある日、食事時間が終わった調理場で食事している料理人さんたちをふと見ると、大きな団子になにやらおいしそうなスープをかけたものを食べている。これがフーフーであった。翌日、私は交渉してフーフーを食べさせて欲しいと頼んだ。少し長期滞在していると、このような交渉も可能になる。すると料理人さんは「おお、食いたいのか」という感じで簡単に了承してくれ、早速その日の夕食にフーフーを食べることができた。フーフーにかけて食べるスープには、今思い出すだけでも肉、干し魚、各種の野菜、カニや干し貝まで入っていて、驚くほど豪華なものだった。実においしかったのである。客には出さないでいて、自分たちだけはこんなにおいしいものを食っているのかと思ったものだ。それからしばらくは昼も、夜もフーフーをいただいた。

フトゥやフーフーはマニオクからのみ作られるわけではない。ヤムイモ、プランテン・バナナで作ることもできる。いずれも煮て、臼で搗いたりしてつぶし、団子状にする点では同じであるが、マニオクを材料にする場合、皮を剥いたマニオクを三日とか四日もの長い間、水に浸けておく。これはマニオクを柔らかくする意味もあるが、すでに述べたように毒抜きをするためである。ともかく、ガーナのある民族社会の人々は一日に一度はフーフーを食べないと、食事をした気にならないともいい、セネガルの都市民が米料理に強く依存しているのに似ている。

言うまでもなく、フトゥにせよフーフーにせよ、臼や杵を使って充分につき砕いた食品を口にするわけで、人はこれを口中で咀嚼する必要はない。第一章で強調したように、アフリカ料理の一つの典型がここにあり、人間の身体の外ですでに臼によって充分に「咀嚼」された食品を口にするがゆえに、噛む必要はない。だから「飲む」のである。臼や杵を使って「咀嚼」する行為は、それが人間の身体の外でなされ、また道具を用いてするという意味で人間以外の動物はしない「咀嚼」の形であるがゆえに、まさに人間のみに見られる文化的な行為に属する。アフリカの多くの社会で、食べ物(主食)は噛むのではなく、飲むのだといわれるのは、そうすることこそが文化をもった人間にふさわしい行為だと考えられているからなのだ。

さて、形や食べ方についてはここに述べたフーフーに似ているが、そのもととなる材料が異なるものがマリ共和国で食べられているトーであり、このトーについては本章の第三節で述べた。トウジンビエ、モロコシなどの雑穀を材料にした練り粥、固粥である。トーを食べるためのソースはフーフーを食べるためのソースと基本的には同じだ。材料が地域ごとに異なるだけといってよいだろう。フーフーにせよ、トーにせよ、できたての熱いところを文字通りふーふーと息を吹きかけながら食べるのがおいしい。冷たくなると、驚くほど味が落ちるものである。この点も、私がアフリカの食事の基本的特質として挙げた三つの点の一つ、「食事は熱くなければならない」に適合している。

九―東アフリカのウガリについて

ここで、地域的に少し跳ぶことになるが、東アフリカ、ケニアでの食事としてよく知られているウガリについても触れておこう。日本からは東アフリカ、そのなかでも特にケニアに旅行する人が多く、その点からするとケニアでの代表的な食事ウガリについても知っている人が多いのではないかと思われる。ウガリはトウモロコシで作られるトーだと思えばわかりやすい。乾燥させたトウモロコシを粉にし、鍋に沸かした湯に粉を入れ、適度な固さになるまで木のへらを使って練るものだ。大きな鍋で、また大きなへらを使って練るのはかなりの力仕事である。ウガリを固めの蒸しパンにたとえる人もある。あるいは、鹿児島の銘菓かるかんから砂糖を抜いた味に近いという人もある。ケニアのナイロビに暮らして三年になるという山口千香子さんという方がインターネット上でケニアの食文化について記しておられ、そこで「かるかん」という凝った譬えをしておられる。

このウガリを、スクマと呼ばれるほうれん草に似た野菜を茹でて、細かく刻み、トマトや玉ねぎと一緒に炒めて塩で味付けしたものなどをおかずに食べる。牛肉、鶏肉、あるいはヤギ肉を使ったシチューがあればご馳走だが、庶民が肉入りシチューをいつでも食べられるわけではない。ウガリは手で食べやすい大きさをとり、丸めるようにしてシチューをつけて食べる。ウガリも冷めると味が落ちる。熱いうちに食べるものである。西アフリカ、マリでのトーはオクラをベースにしたソースをつけて食べることが多いが、ケニアのウガリにはスクマがもっとも合うようだ。しかし、固粥であること、かまずに「飲む」ものであることなどトーによく似ている。

付け加えておくと、このウガリ状のものはケニアの南タンザニアでも、さらに南の内陸の国ザンビアでも食べられている。ザンビアの場合、北部には銅鉱山があるが、この開発のために二〇世紀はじめの植民地時代に労働者が多く集められ、その食料用に大量に作られ始めたという歴史がある。特に一九三〇年代以降、それまで作られていたモロコシが放棄され、トウモロコシ栽培一色になったといい、それが現在まで受け継がれている。★8

十——バナナ

ケニアの南側の隣国タンザニア共和国の内陸部にアフリカ大陸でもっとも大きな面積をもつ湖ヴィクトリアがある。そのヴィクトリア湖の西側にカゲラ州が広がる。ここは北部をウガンダと、西部はルワンダ、ブルンディという二つの国と、つまり計三つの国と境を接し、インド洋に面した沿岸部に位置するタンザニアの首都ダルエスサラームからはもっとも遠く離れた州である。カゲラ州はそのほぼ全域が標高一千メートルを越す高地になっている。赤道に近い位置でもあり、降雨は年間を通してあり一年に約一四〇〇ミリほどの雨が降る。年間の平均最低気温は摂氏一四度から一五度程度、最高気温は二五度から三〇度であり、過ごしやすいと言えよう。ただし、土壌は石灰質の多い土地であり、決して肥沃なわけではない。むしろ瘠せている。この地域に、民族名称をハヤと称し、人口は一〇〇万人を超すという農耕民族が暮らしている。

この地域での調査をおこなった丸尾聡氏が記すところによると、州都ブコバから三〇キロほど離れた調査地へと向かうバスに乗り込むと、バスはたちまちのうちにバナナの森にのみこまれ、あたかもバナナの回廊を進んでいるかのような印象を受けるという。バナナの森の中に人々の住居がときおり見え隠れする、そういう状況だったというのだ。これがバナナを栽培し、バナナによって暮らしを立てているともいえるハヤ人の住む地域である。これからしばらくは、丸尾氏の報告★9によって、バナナ栽培民ハヤの食事について見ていこう。

瘠せた土地でバナナを大量に栽培して暮らすために、ハヤの人々は牛の糞尿を肥料として施す。牛糞のおかげで、彼らはバナナを持続的に栽培できるのである。ハヤ人は農耕民でありながら、牛も所有しているのか。その通りで、ハヤ人はバントゥー系の農耕民であるが、祖先をたどるとナイロート系の牧畜民にも関連を持っているといい、牛の飼養にも長《た》けているのだ。しかし、現在ハヤの人々が牛を飼うのは、肉や牛乳の生産のためではなく、また牛を持っているという社会的な財の誇示のためでもなく、つまりは牛糞の獲得のためである。それだけ、彼らが暮らす土地は肥料としての牛糞を必要としている。バナナ栽培を主としながらも、牛乳や牛肉生産にも高い価値を置く他の民族もいるから、この点には注意しておく必要があろう。

ハヤ社会では一家が生計を立てていく畑をキバンジャと称する。ハヤ人は確かにバナナに大きく依存しているが、キバンジャにはバナナだけが栽培されているわけではなく、主として販売用に作られるコーヒーや、バナナと同様に主食の一角を占めるヤム、トウモロコシ、マニオク、さらには副食として食べられるインゲンマメやトマト、ウリ、香辛料としてのショウガ、ウコン、さらにはパイナップル、アブラヤシ、マンゴー、パパイアなど実に多種の作物が栽培されている。キバンジャが幾つも寄り集まり、緑の一大森を形成している。つまり、幾つもの世帯がそれぞれのキバンジャを集中する形で村が形成されているのである。ハヤ社会では複婚(一夫多妻)家族は少ない。したがって、一家に一つのキバンジャという形が多い。男性は結婚によって独立の家計を営む際に、父親からキバンジャの一部を分与され、自分のキバンジャを持つことになる。こうして自分のキバンジャを持たない限り、一人前の男性とは見なされがたいのだという。男性は父親などから分与されたキバンジャの作物、例えばバナナとコーヒーなどをそのままの形で受け継いでいくのではなく、自分の家を構えると自分の考え、家族の好みなどによって栽培する作物の内容を変えていき、やがて自分独自のキバンジャを形成していくのだという。

キバンジャの管理は男性によってなされている。ハヤの男性たちは、陽光が柔らかい朝早くに自分のキバンジャに入り、一通り様子を見て回る。穀物と違って、バナナには特定の収穫期というものはない。年間を通して生産サイクルは繰り返される。男性が毎日のようにキバンジャを見て回るのは、どのバナナが収穫に適しているか、状態の悪いバナナはないかといったことをチェックするためであり、重要なことなのだ。もちろん、男性はバナナの出来具合だけではなく、各品種の形質的な特徴や環境適正などを熟知している。量的に多く栽培されるバナナはいうまでもなく料理用のプランテン・バナナであるが、これは熟す前の青く固いものを収穫し、料理に使う。プランテン・バナナが全体の六割から八割を占める。そして、この料理用バナナだけで品種は四〇ほどもあるというのだ。

ハヤの人々は、このプランテン・バナナをインゲンマメと一緒に茹でて、日々の主食とする。この食べ方がもっとも多い食べ方だという。大人なら一人で一食あたり、五本から七本分のバナナを食べる。他方で、ハヤの大人たちはバナナといえば料理用、主食用として認識しているせいか、私たち日本人になじみの深い甘いバナナを生で食べる習慣はほとんどなく、生のままで食べられるバナナは数種しかないという。また、ハヤの人々はプランテン・バナナの熟したものを焼いたり、茹でて、軽食として食べることも多い。

私はこれまで料理用バナナとプランテン・バナナを同じ種類のものとして記述してきたが、ハヤの人々は主食用のバナナとプランテン・バナナ(軽食用)とを別々のものとして認識しているという。先に記したとおり、主食用バナナは四〇ほどもの品種を数えるが、軽食用のプランテン・バナナとしては二品種を数えるのみだという。ハヤの人々が栽培しているもう一つの種類のバナナはルビシと呼ばれる醸造酒をつくるためのものである。ルビシは強い酒ではなく、かすかにバナナの甘みと酸味を感じさせるもので口当たりがよいという。ハヤの人々にとって水を別にすれば、伝統的な飲料としてはバナナから絞ったジュースとルビシだけであり、それゆえか幼い子供でもルビシをおいしそうに飲むそうだ。それだけ弱い酒だともいえる。ただし、ルビシを元に蒸留酒も造られる。こちらを好む大人も多くなっているという。

バナナは通年の収穫が可能とはいえ、実際には七月から八月にかけての乾燥した時期の収穫がとても多い。それに対し、一一月から一月はバナナの収穫が少ない時期で、この時期にはマニオクを食べる人が多いという。マニオクはキバンジャ（住居近くの畑）の外でも栽培される。キバンジャでの栽培作物の量が増え、手狭な状態になってくるとともにマニオクなどはキバンジャの外で栽培されるのである。ハヤ社会で栽培されるマニオクは、その多くがこれまですでに何度も見てきた有毒のものである。皮を剥いて、三日ほど水にさらして毒を抜く。その後で、三日から七日もの間、天日にさらして乾燥させ、その後で粉砕して粉にする。粉にしたものは、湯でとき、かき混ぜながら練り粥にする。これをスープなどをつけながら食べるのは、すでにこれまでに見てきた他の社会での食べ方同様である。マニオクもバナナに似て、畑においておけば保存が利くし、時期によって多少はあるものの通年での収穫が可能であることから安定作物として主要な位置を占めているのである。

十一――バナナ料理とマニオク料理のおかず

バナナとマニオクの料理について、それぞれを食べる際のおかず(副食)にある種の規則性があるということを小松かおり氏が報告している。★10 その点に触れておこう。

小松氏の報告は、アフリカ大陸中央部、コンゴ盆地の広大な熱帯降雨林地域の北西端に位置するカメルーン東南部に暮らす人々の村での調査に基づいている。彼女が調査した二つの村は住民数が一方は一三七人、他方は一〇一人(ともに一九九五年時点で)という小さな村だが、各々には出身地を異にする幾つかの民族が暮らしている。二つの村は共に熱帯降雨林地域に位置するものの、直線距離にして約一六〇キロほど離れている。一方の村ではマニオク、プランテン・バナナ、トウモロコシ、落花生、ウリ(種を食べる)、ココヤム(サトイモ科)、サツマイモ、カボチャ、オクラなどを栽培している。もう一方の村ではマニオク、トウモロコシ、ゴマ、落花生、オクラが主要な作物というから、プランテン・バナナやサツマイモ、カボチャはほとんど栽培されていないことになる。

さて、この二つの村での食事のあり方を調べてみると、マニオクを主食としてよく食べる村の人々はおかず(副食)の基本は塩と唐辛子で、これに落花生などの油のある植物種子をすりつぶしたもの、あるいは香りのある植物を加えたものである。また、カカオの木の若芽、ワラビ、ナッツ類など、ソースに粘り気を与える液体を抽出して、これを調味料として用いる。カカオの若芽、ワラビなどにはそれ自体では味というほどのものはないのだが、各々の粘り気のある食感がとても好まれているのである。いずれにしても、マニオクを主食とする人々はおかずとしていろいろなものを食べ、それが食事を豊かにしている。マニオクそのものにはほとんど味がないということと、おかずが豊かであることとは関連がありそうだ。それも塩、唐辛子を基本に、粘り気のあるものや、油分に富んだものなど食感と関係があるものも多く取り入れられているのである。

それに対し、もう一方の村を見ると、ここには主食としてプランテン・バナナをよく食べる人々が暮らしている。プランテン・バナナは単に茹でただけで、あるいは臼と杵で搗いて団子状にして食べられる。その時のおかずになるのは肉、魚、野菜などが入ったソース(汁)である。調味料として塩と唐辛子が基本であることは、先の村と変わらない。塩と唐辛子に次いではヤシ油が多く使われる。また、ナス科の植物で苦味のある実を、プランテン・バナナを茹でる同じ鍋で蒸して、つぶし、これに唐辛子と熱湯を加えたものを調味料に用いて、プランテン・バナナ団子を食べるという。ここでは、苦味が一つのポイントである。

マニオクを常食にする人々が、マニオクこそもっともおいしい主食であって、他の食べ物を主食とする必要はないというのに対し、プランテン・バナナをよく食べる人々はプランテン・バナナだけではなく、サツマイモやカボチャ、マニオクなどいろいろなものを主食として食べるのを好むともいうのである。そして、おかず(副食)について見ると、マニオクを主食とする人々が粘り気のあるものを一緒に食べるのを好むのに対し、プランテン・バナナを主食にする人々は粘り気のあるものをおかずにすることはない。逆に、バナナを主食にする人々は苦味のあるものをおかずにするのを好んでいるのである。この苦味のある植物は、マニオクを主食によく食べる人々の間では観察されていない。

このことは主食の「持ち味」とおかずの性格が関わっていることを思わせる。プランテン・バナナは日本でよく食べられている生食用バナナのように甘くはなく、むしろ「イモ」のように淡白であるとはいえ、かすかな甘みを感じさせる。この性質ゆえに、苦味のあるおかずを一緒に食べると、かえって食が進むということになるのだろう。それに対しマニオクはそれ自体ではほとんど味がない。したがって、苦味のあるおかずと一緒に食べると苦味だけが際立ってしまうのだろう。マニオクの場合、粘り気のあるもの、油分を強く感じさせるもの、そういったおかずの方が食を進ませるのである。

さて、この章の後半ではアフリカ大陸の中央部コンゴ地域の食物を中心に、西アフリカの熱帯降雨林地域、そしてさらに東アフリカ地域の主な食べ物を見てきた。マニオク、ヤム、トウジンビエやモロコシなどの雑穀、バナナと材料は異なるものの、練り粥というか固粥、あるいは柔らかい餅状の食べ物であることは共通している。そして、これを人々はソースやスープ、あるいは肉や魚入りのスープなどを副食として食べる。また、熱いうちに食べるものである点も共通している。例外的なのはコートディヴォアールの南部沿岸地域の特色ある食べ物アチェケで、これはマニオクから作られるが粉を練るというのではなく、粒を蒸して食べる。いわゆるクスクスに似ている。アチェケは確かに例外的なものであるが、アフリカの実に広い範囲で、練り粥、固粥、あるいは柔らかい餅状のものがソースなどと一緒に食べられていることが理解されよう。

私が、第一章において詳しく述べたアフリカの食の三つの基本的特徴、その三つともがこれらの社会での食に確かに観察されるのである。

◉註

★1—阪本寧男『雑穀のきた道　ユーラシア民族植物誌から』ＮＨＫブックス、日本放送出版協会、一九八八年。

★2—マルセル・グリオール＆ジェルメーヌ・ディテルラン『青い狐　ドゴンの宇宙哲学』坂井信三訳、せりか書房、一九八六年。

★3—Murdock, G. P., Staple Subsistence Crops of Africa, *The Geographical Review*, 1960, No.50, pp.523-540.; Busson, F., *Plantes alimentaires de l'Ouest africain. Etude botanique, biologique et chimique*, Ouvrage publié avec l'aide: du Ministère de la Coopération, du Ministère d'Etat chargé de la Recherche Scientifique et Technique, et du Ministère des Armées, France.; 阪本寧男『雑穀のきた道　ユーラシア民族植物誌から』ＮＨＫブックス、日本放送出版協会、一九八八年。

★4—児玉谷史朗「まえがき」『アフリカにおける商業的農業の発展』、児玉谷史朗(編)、研究双書４２８、アジア経済研究所、一九九三年、pp.i-vii.

★5—武内進一「ザイール川河口地域のキャッサバ生産に関する一考察」『アフリカにおける商業的農業の発展』、児玉谷史朗(編)、研究双書４２８、アジア経済研究所、一九九三年、一九—六一ページ。武内進一「キンシャサ市向け食糧の生産・流通構造」『アフリカにおける商業的農業の発展』児玉谷史朗(編)、研究双書４２８、アジア経済研究所、一九九三年、一九九—二四八ページ。佐藤弘明「ボイェラ族の生計活動　—キャッサバの利用と耕作』『アフリカ文化の研究』、伊谷純一郎・米山俊直編、アカデミア出版会、一九八四年、六七一—六九七ページ。

★6—武内進一「キンシャサの胃袋を支えるシクワング」『「たべものや」と「くらし」』　—第三世界の外食産業—』アジアを見る眼８５、アジア経済研究所、一九九二年、一八七—一九二ページ。

★7—茨木透「コートジボワールのアチェケづくり」『アフリカレポート』、第一六号、一九九三年、三三—三六ページ、「コートジボワールのマニオクとアチェケ—近郊農村における生産過程と労働の変化—」『アジア経済』第三七巻六号、五九—七八ページ。

★8—児玉谷史朗「ザンビアにおける商業的農業の発展」『アフリカにおける商業的農業の発展』児玉谷史朗(編)、研究双書４２８、アジア経済研究所、一九九三年、六三—一二四ページを参照。

★9—丸尾聡「バナナとともに生きる人びと—タンザニア北西部・ハヤの村から—」『アフリカ農耕民の世界　その在来性と変容』掛谷誠(編)、京都大学出版会、二〇〇二年、五一—九〇ページ。

★10—小松かおり「食事材料のセットと食事文化—カメルーン東南部移住村の事例より—」『アフリカ研究』第四八号、一九九六年、六三—七八ページ。

第三章―セネガル都市民の食1

これまでの記述においてもセネガルについてはすでに何度か触れてきた。この章と次の章で、セネガルの食、特に都市に暮らす人々の食について詳しく記そうと思う。まず、この第三章ではセネガルの都市民の間で好まれる米料理について、米食の歴史、そして米に関わる幾つかの事柄について記していこう。さらに、セネガルでの米料理につきものの落花生油、それについてもこの章で概観しておきたい。

一——米食う人々

アフリカ大陸の西端に位置するセネガルは面積からいえばアフリカ諸国の中では小さい方に属する。日本の面積の半分よりやや大きいといったところである。人口は現在(二〇〇四年)時点で大雑把に言って約一千万人となっている。アフリカ諸国の多くがそうだが、住民の都市化率が大変高くなっており、例えばダカール首都圏(ダカール市とその近隣の町を含む)は面積からすればセネガル全土の〇・三パーセントでしかないが、その狭い首都圏地域に総人口の二〇パーセントを超える人々が住んでいる。いうなれば首都圏は超過密状態である。当然ながら、さまざまな問題が先鋭化する。アフリカという大地域が一般的に抱えている諸問題に加えて都市に独自の問題がある。上・下水道の不足、それに直接的に起因する衛生問題、過密状態の交通運輸、教室が足らない、教師も足りないという教育の問題、悪化する治安の問題等々を挙げることができるだろう。そこで暮らすには常に精神の緊張を強いられる部分がある。

他方、地方農村部におもむくと状況は一変する。全体に貧困という重大問題を抱えるのは事実だが、衛生の問題にせよ、治安にせよ、村落部にはそれなりの秩序がある。それぞれがおさまるべき場とでもいうものがはっきりしており、その緩やかな秩序に従ってさえいれば気持ちが和らぐ。

食文化についてはどうか。もちろん、都市と農村では食に相当の違いが観察され、例えば第二章のサバンナの雑穀食に関する節で述べたが、農村部では自分たち自身で栽培する雑穀がよく食べられているのに対し、都市部、つまり自分たち自身ではもはや栽培に従事するわけではない人々が大部分を占める地域では、雑穀よりも外部世界から導入された米食が大勢を占めるという事実はある。しかし、都市部でも雑穀食が結構好まれているのも事実だし、他方で、地方部に暮らす人々も米食依存の度合いをますます強めて来てもいる。都市部の人が雑穀食を完全に放棄してしまわないのは、彼らが古くから食べてきた雑穀食のあり方に都会独特の手が加えられ、洗練されて、よりおいしく食べられるようになり、米食の日々の合い間に食べると、とてもおいしいものとして認識されているからだろう。

逆に、地方部の人が米食をますます好むようになっていることには、米料理の手軽さが関わっている。米はすでに精米された状態で市場で売られているのに対し、雑穀の場合、臼と杵で搗くという作業を要することが多く、女性の労働が過重になるのである。

本章では、セネガルの都市部住民がどのような米料理を食べているのか、それを中心に論を進めよう。まず、基本的な事実として知っておかねばならないのは、アフリカ全土を対象に考えても、セネガルからギニア、シエラレオーネ、リベリア、そしてコートディヴォアールの西部に及ぶ地域ほど米を多食する人々は他には見られないということである。

もっとも、アフリカ大陸から少し離れたマダガスカル島ではやはり米が多食されている。先にも述べたが、マダガスカルの米は古代において、アジア系の人々によってもたらされたもので、したがってアジア起源の米である。それに対して、アフリカ大陸西端の沿岸地域での米は現在はともかく、かつてはアフリカ原産の米(グラベリマ米)が食べられていたはずである。グラベリマ米の起源地はニジェール川上流部、現在のマリ共和国からギニア共和国にかけての地域であると推定されているが、それが西アフリカ沿岸部で多食されるようになったのである。繰り返しになるが、現在ではこの地域でもグラベリマ米よりもアジア系の米の方がより多く栽培されているようだ。

セネガルについて見ると、南部のカザマンス地方で古来、稲作がおこなわれてきた。この地方ではサヘル

バランタ人の魚漁と料理の様子
上/セネガル南部、カザマンス地方のバランタ人がカザマンス川で網漁をする。獲れた小魚を煮て、その汁ごとご飯にかけて食べる。
下/バランタ人の村で。儀礼に際しての料理。土器鍋を用いて汁を炊く。

という半乾燥地域に属するセネガル国にあっては例外的ともいうほどに多くの雨が降る。首都のダカールあたりで年間降雨量が五〇〇ミリから多くても七〇〇ミリ程度であるのに対し、カザマンス地方の沿岸に近い地域では年一五〇〇ミリ以上も降る。内陸部でも一二〇〇ミリほどの降雨を得ている。稲作はこの豊かな降雨によっているわけだが、カザマンス地方はもちろん米だけではなく果物や各種の野菜なども多く産出される。土地の人々が「セネガルの穀倉」と自負する豊かさである。

このカザマンス地方の主要民族(人口が多いという意味で)であるジョーラ人は稲作民族としてよく知られている。カザマンス川流域の湿地帯で稲を作っている。また、陸稲もある。ここでも男性は畑の開墾に従事するのみで、その他の仕事は女性の仕事だとされている。ジョーラの人々は確かによく米を食べる。私は一九八五年の初めに短期ながらカザマンスの村に滞在したことがあるが、昼食、夕食は毎日米飯であった。水煮した米飯にカザマンス川の小魚などを煮た汁をかけて食べる。それだけで充分おいしい。米自体に味があるからだろう。

カザマンス地方のジョーラ人が米を大量に食べることをもって、首都ダカールに住む「都会人」を自称する人たちはしばしばジョーラ人をからかって「米食い」と呼ぶ。米、それも白飯さえあれば、文句を言わない粗食の人々という意味であろう。都市人が田舎者をからかって言う呼び方ということになる。

ところがである。ダカールに住む都会人たちこそ、今や米なしに暮らすことはできないほどに米に依存した食生活を送っているのである。実際、人々は「一日に一回は米の食事をしないと、その日は食べた気がしない」とさえ言うであろう。一九八〇年代の初め頃まで、「パンを食べる食事なんて。あんなもので腹がくちくなるはずはない」といったことをよく耳にしたものだが、現在ではパン食もずいぶん普及している。朝はパンという人が貧困層も含めて普通になっているし、夕食も多くの場合、パンである。魚のフライなどをおかずにパンを食べる。パンはもちろんパン屋から購入する。簡単なおかずさえ作れば夕食の準備は終わりということになる。つまり、ダカール人にとっての夕食は簡素なものなのだ。したがって、「一日に一回の米食」とは、昼食のことである。ダカール在の人々の昼食はとにかく米に依存したものになっているのだ。米料理には手間ひまがかけられる。ダカール人にとっては昼の米料理こそが、一日の最大のご馳走であり、これをきちんと食べないと力が出ないと言うのである。

ところで、首都ダカールの住民の多くは民族的にはウオロフ人である。次章で米を主体にした料理について詳しく記すが、米はウオロフ語ではチェブと呼ばれている。市場で売っている米、つまり料理する前の米もチェブであり、料理された後の米、言い換えると私たち日本人ならご飯と呼ぶものもチェブと呼ばれている。英語でのライスと同じだ。この点、日本語はよく知られているとおり、田んぼ(これも米を作るための専用のものであり、畑とは言わない)に植わっている「米」は稲であり、刈り入れされ倉庫に納められたり、店頭に並んでいる「米」が米と呼ばれ、料理されるとご飯(あるいは、めし)という風に、その状態に応じて少なくとも三段階に呼び名が変わっている。また、本来、炊いた米を意味する語であるご飯は、私たちの食事一般を意味する語になっている。「お昼になったからご飯を食べよう」といってラーメンを食べても、何の不思議も感じない。私たち日本人がいかに米に依存して生活を成り立たせて来たかを物語っている。

ウオロフの人々が「米」についても「ご飯」についてもチェブという一語でもってすませているのは、彼らが古来、米に依存して暮らしてきたわけではなく、むしろ、最近になって米を食べるようになったことに関わっていよう。米＝チェブという語は新参用語としてウオロフ語の中に定着したのである。ところが、先に述べたセネガル南部で稲作栽培をし、日々、米を食べて暮らしているジョーラ人の言語では、米は日本語での分類以上に、成長段階、状態に応じて細かく分類されているのである。

ジョーラ語では米（稲）の苗をエィヨレン、稲をカンマーノ（単数形）、エンマーノ（複数形）という。そして「刈り取った稲穂」のことをカッラーレン（単数形）、ウッラーレン（複数形）という。「脱穀前の米粒」をバトジャール、「脱穀後の米」をジャチョプという。そして、最後に「炊いた状態の米＝ご飯」のことをシナングというのである。★1日本語の場合、脱穀前のものを籾といい、脱穀後は玄米と白米（精米）に分かれる。ただ、玄米と白米とはいずれも「米」という語を基盤にした派生語である。ジョーラ語では米の分類が細かくなされていることを知ったとき、私はジョーラの人々にいっそうの親しみを感じた。私たちと同じように、古くからの米食い民族がセネガルにいる。

二―ダカールではいつから米を多食するようになったのか

セネガル人、特にダカール在の人々が米を多食するようになったのは第二次大戦以降のことらしい。それも一九五〇年代以降に急激な増加を示したようである。確かに、この時期から都市に移り住む人々が急増している。都市化の進行が急になるのである。それは当然ながら、当時のフランス植民地行政府による都市産業化政策の直接の影響であった。地方から都市に吸い寄せられて、都市に暮らし始めた住民の多くは自分たち自身で農産物の耕作に従事するわけではない。食べ物はいずれにしても市場などで購入しなければならない。そこで地方部での日々の生活においてはほとんど口にすることのなかった米を食べるのは(カザマンス地方出身の人々は別にして)、何か高級な食べ物を食べている印象を与えるものであった。実際、米料理は手が込んでおり、地方部で食べていた雑穀をベースとした料理よりも高級に見えた。手が込んでいる分、おいしくもある。こうして、米料理はダカール在の人々の間で急速に人気化したようだ。

一九五七年、未だフランス植民地行政下にあったセネガルの経済計画局から発表された謄写版刷りでの『フランス領西アフリカにおける米』という短い報告書があり、それを見るとセネガルにおいては米の輸入にはかなり厳しい制限が課されており、輸入は例外的にしか許可されないと記されている。★2 もちろん、国内生産を保護するための政策である。

ところが、その一一年後に発表された別のレポートを見ると、事情はがらりと変わっていることが分かる。この間、セネガルはすでに独立(一九六〇年)している。一九六八年、アメリカ農業局が『アフリカの米』と題したレポートを発表している。それを見ると、セネガルは国内米需要の三分の二を輸入に頼っていること、また西アフリカ一一ヶ国が輸入している米の量の半分を、セネガル一国が占めていることが記されている。★[3]一九五〇年代から六〇年代にかけてセネガルにおける米の需要は急増し、国内生産だけではとても追いつけない状況になっていた。この時期において、セネガル人の米食依存は西アフリカ諸国の中でも突出していたのである。その報告では、セネガルにはカザマンスという豊かな稲作地帯があるのに、なぜこれほどに米を輸入しなければならないのか理解できないとされ、敢えてその理由を探ればセネガルは落花生栽培の方に特化したために米の生産が充分ではないのであろうとされている。

一九六八年時点で、セネガルの総人口は約三八〇万人であったが、セネガルは国内生産量よりも一八万トン多くの米を輸入していた。セネガル全体で消費される米の総量を一人あたりの消費量に換算すると、その当時で八〇キロに達していたという。これは全国平均であって、ダカール及びその周辺地域の住民の米消費量を見ると年間、一人あたり一六〇キロに達していたという。★[4]この数字はあまりに大きすぎないだろうか。一人、一日あたりの米消費量が約四五〇グラムということになる。後に述べるが、セネガルの人々は確かに一度に大量に米を炊く。多くの家庭で一度に二キロぐらいの米を炊くのは普通である。実際、一つの家庭内でも日本などと比べるとずっと多くの人が食事にあずかるのは事実だ。それに、いつ不意の客があってもいいようにたくさん炊くのだという。そして残ると捨てることが多いのも事実ではある。しかし、それにしても一人、一日あたりの消費量が約四五〇グラムという数字には疑問は残る。ただ、ダカール人がかくも多くの米を消費するようになっていたという事実には注意しておきたい。

米の輸入量は、その後の人口増に伴って増加している。セネガル政府発表の公式統計を見ると、一九八二年の米輸入量が二五万五千トン、八四年には三七万二千トンとなり、ごく最近の統計では一九九八年に五五万七千トン、九九年には六二万五千トンとなっている。ちなみに、九九年のセネガル国内での米の生産量は二四万トンとなっている。[★5]そこで同年、セネガルでは国内生産量、輸入量を足した八六万五千トンの米が消費されたと考えよう。九九年時のセネガルの総人口を概数で九〇〇万人とすると、単純計算では国民一人当たり、一日約二六〇グラムの米を食べた計算になる。妥当な線であろう。いずれにせよ、セネガルは国内生産量の二倍半強の米を輸入によってまかなっているのである。

三―破砕米＝割れた米への嗜好

セネガルへの米の輸入が増加する過程で興味ある現象が進行する。セネガル政府は外国産の米輸入経費の増加を懸念し、少しでも輸入経費を節約する目的で、全粒米、つまり形が整った完全米ではなく、破砕米を輸入するようにした。アメリカ農業局発表の報告書によると、セネガルは一九六四年から六七年にかけていずれの年も一七万トン弱から一八万トン強ほどの米を輸入している。そして、それらの輸入米全量が破砕米であったというのである。

このことには前段がある。セネガルがフランス植民地であった時代に、すでにセネガルの都市住民は米への依存を強めつつあったのだが、フランスはその需要に応えるためにやはりフランスの植民地であったインドシナから米をセネガルに送った。その時、フランス本国には値段の高い完全米(全粒米)を送ったのに対し、セネガルへは値段の安い破砕米を送ったのである。★6 つまり、セネガルで破砕米が食べられた当初においては、あくまでも経費節約のためというのが主な理由であった。この植民地行政下での経費節約政策が一九六〇年のセネガル独立以降も続けられて、輸入米(ほとんどがインドシナからであった)は破砕米が主という状態が続いたのである。

破砕米とは、要するに米の粒が完全に整ってはいず、細かく割れた米のことだ。当時の精米技術では米が割れることが多く、破砕米が多量にできたわけだ。その破砕米、本来ならば販売用には難しい、いわば不完全な形の米が大量にセネガルへ運ばれ、人々はこれを食べるようになった。インドシナで生産される米は長粒米である。わたしたちが現在の日本で見慣れている米の粒よりもやや細く、長い。その細長い米粒一つずつが三つから四つぐらいに、場合によってはもっと細かく割れている。そのように粒が細かく破砕された米、それが破砕米である。

ところが、この破砕米がセネガル料理にはまことによく合った。いや、セネガル料理は破砕米にうまく合うように工夫されたというべきなのだろうか。人々は全粒米よりも、破砕米の方がおいしいとして受け入れ、セネガルの米料理といえば破砕米を使ったものというほどに一般化していった。(ただし、もともと村落部においてもかつてから米を生産し、日常的に米を多食していたカザマンス地方のジョーラ人は別である。彼らは全粒米を好んで食べた。)破砕米の優位は今に至るも続いている。市場に行くと、各種の米を売っているが、タイやパキスタンから輸入されている米をわざわざ砕いて割った破砕米は「リ・パルフュメ」(香り米)と呼ばれていて、全粒米よりも高値で売られているのである。

なぜ、セネガルでは今なお破砕米が好まれるのか。これにはセネガル料理では一般に料理に際して多量の食用油が使われるという事実が関わっているというのが私の推論である。また、第一章で詳しく述べたが、アフリカでは一般に食事は「のむ」ものであるという事実とも間接的ながら関わっている。

まず、食用油の多用だが、日本人が初めてセネガル料理に接するとその油の量の多さに驚く。私もそうだった。かつて、七〇年代の終わりごろ、初めてセネガルを訪れ、ダカールの知人宅で食事をいただいたときのことだ。その当時は、たいていの家庭で食事はスプーンなどを使わず、手(右手)で直接いただくものであった。右手でご飯を食べやすい量軽く握り、口に運ぶわけだが、食べているうちに油が手を伝って肘にまで流れ落ちるのである。もちろん、これは手を使っての食べ方が下手であるという単純な事実に関わってもいよう。実際、知人たちは「ヘタだなぁ」と笑うのだった。油が流れ落ちないように、食べ物を口に運んだ後は、さっと手を下におろす。手を上にあげたままにしておくと、油が流れ落ちるのは道理ではある。それにしても、油の量は多く、米飯が油できらきらと光っているというより、飯の粒と粒の間に油が充満している。これがダカール人にとってはとてもおいしいご飯なのだ。

破砕米を使うと、当然ながら全粒米よりも米表面の面積は増える。その分、米に絡まる油の量は増すことになる。こうして、油がたっぷりと絡まったご飯がおいしいと人々は言うのである。確かに、油は一般に食べ物の味をよくする。また、油はなかなか高価なものであるから、油をたくさん使うということは、その家庭の豊かさを誇示する一手段でもあるのだ。

私がダカールでしばしばご馳走になった家庭は人数の多い家で、常時、一五人ぐらいの人が昼食にあずかっていたが、その家庭では毎日、食用油一リットルを使うというのである。食用油は、したがって毎日一本ずつ買うというのではなく、プラスチック容器で一リットル入りの油一〇本が箱に入ったものを買っていた。

また、破砕米という粒の小さい米に多量の油を使うのだから、それを口に含むと全体として「滑りやすい」状態にもなっている。飲み込みやすいのである。私たちが日本で普通に食べる米のご飯を「噛まずに、飲む」のは、そう簡単ではない。ところで、私は先にアフリカでの食事は一般に「噛まずに、飲む」ものであることを強調した。かくして、セネガル人が米を多量に食べ始めたとき、それが破砕米という粒の小さい米であり、それに油を多量に用いて料理すれば「飲み込みやすく」なることに気がついたということなのだ。

ただ、九〇年代に入る頃から家庭での油の使用量は目に見えて減ってきている。新聞などでさかんに過度の油の摂取は健康に害があることが報じられた。実のところ、セネガル人、特に都会に暮らす人の中には相当に肥満が目立つ人が多い。その肥満に油が関わっていることが言われ、また肥満は「富の象徴」などと言えるものではなく、健康に害があることが強調されたのである。かつて、ダカールの女性たちは肥っていることが富の象徴であると認識しているきらいがあった。おいしいもの、つまり油をふんだんに使った料理をたくさん食べ、しかも料理はみずからするのではなく、雇っているメイドにやってもらう。自分自身は市場に買い物に行くわけでもなく、メイドが料理した食事を最後の段階で味見をするだけである。後は、食べて、家でゆっくりするなり、友人と楽しく時を過ごせばよい。女性が「肥っている」ことには、これだけの意味が後ろに隠されていた。肥っていることがみずからの富を外的に表現する手段になる背景があったのだ。それが、「油をたくさん使った料理はおいしい」という一般的な言説になっていったのだ。

ここで少しわき道に逸れるが、男女とも肥っていることが社会的に評価の対象になるというのは、アフリカの諸社会で割と一般的に観察されることであるようだ。要するに、身体が大きいということは、日常的に「充分に食べている」ことをまず外的に見せていることだと解釈される。そして、身体が大きい、肥っていることは、とりもなおさず「健康」に結びつくと考えられ、女性の場合、それは多産であるとか、豊かな「母性」といった概念と結び付けられて解釈されるからである。男性についても同様なことが言える。身体が大きいこと、それは力に結びつき、力、すなわち男性性の強さとして解釈されるのである。★7 先に述べた、セネガルでここ数年来、マスコミなどを通じてなされているキャンペーン、つまり肥っていることは「富の象徴などではありません、むしろ健康に害があるのです」といった言説には、セネガルでも少なくともつい最近まで肥っていることが、直接「豊かさ」に結び付けられて解釈されていたことを裏側から説明しているといえよう。

セネガルに話を戻すと、これら各種のキャンペーンが奏功して、料理に油をあまりに多く使う傾向は徐々に減少してきた。しかも、食用油の値段はかつてに比して高くなった。セネガル経済は全般に不調で、落花生は自分たちの国で生産しているとはいえ、食用油をかつてのようにむやみにたくさん使えるわけではなくなった。しかし、肥った女性が「好まれる」傾向の方はそう簡単に変わってはいないようだ。

ダカールではことの良し悪しは別にして、数年前から「美人コンテスト」なるものが催されている。新聞などでも賑やかに報道している。そして、そのコンテストにおいて高く評価されるのは肥った女性なのである。ここに来ると、新聞記事も俄然「国粋」的になるようで、「われわれセネガル人は肥った女性を美しいと思うのだ。そのことに何の問題があるのか」と開き直った書き方になっている。新聞記者には男性が多いせいだろうか。

現在に至って、油の使用量が減少しているのと同時に、実のところ、破砕米も少しずつ減少しているらしいことが観察される。市場の米売り場を見ても、全粒米が結構多く売られている。破砕米の使用はなぜ減少してきたのか。これには、米に混じる石粒という問題が大きく関わっていると思われる。

破砕米は全粒米が三つにも、四つにも割れた状態なのだから一つ一つの粒が小さい。米粒は半透明である。そこに砂粒のように小さい石粒が混じっていても見分けにくい。アフリカでは一般に食事は「飲む」ものだとはいえ、米飯をまったく噛まずに「飲む」ことはない。米の味をよりよく味わうためにも、人は噛むだろう。そこに砂粒、石粒が混じっていたりすると、食事の席で悲劇が起こる。かくして、セネガルではご飯を炊く前にかならず米から砂粒、石粒を選りだすという大変な仕事をせねばならなかった。

家庭で昼食の準備をする場合、その家庭のメイドなり、若い娘さんなりが午前一〇時頃、市場に出かけ、米、魚、野菜などその日の料理に必要なものを買う。家に帰ってくると、野菜などの下準備とともに重要なのが、米から砂粒、石粒を選りだす仕事なのだ。

これは端で見ていてもなかなか大変な仕事だった。平たい、大きな笊《ざる》や金属盆に米を少量ずつのせ、それを右手の指でさらさらとなぜるようにして砂粒などの異物を見つける。もともと破砕米という粒の小さい米から石粒を見つけなければならないのだから、神経を集中させる必要がある。この石選りは、往々にして家庭で暇にしている婦人や老婦人がおこなう。石粒選りだけで小一時間ほどもかかるのだから、それをしている間にメイドさんなどが料理に取り掛かれるようにである。老婦人がやる仕事であるとはいえ、決して楽な仕事というわけではないのだ。毎日、欠かさずしなければならない厄介な仕事の一つなのである。

現在、市場で売っている全粒米などは多くが砂粒などの異物は除外されているようである。（日本でなされているような電気的な処理がなされているのか、不明。）石選りをしないですむ。これだけで、女性の仕事量はずいぶん減ったことは間違いない。

四―食用油について

ところで、これまで食用油とだけ記してきたが、セネガル人が日常の料理に使う油は落花生(ピーナツ)油である。落花生はセネガルの特産品なのだ。といっても、もちろん落花生の原産地は南米であるから、落花生が特産品とされるようになったのはフランスがセネガルを植民地化する頃からである。特に、セネガルを武力で「平定」することに大きな功績を残した将軍として知られるフェデルブ将軍がセネガル植民地総督であった一九世紀の半ばの時期に落花生は救荒食品として栽培が奨励された。砂の多い、半乾燥地域に位置するセネガルで栽培できる植物として落花生が選択されたのである。この時期以降、セネガルでは落花生が本格的に栽培されるようになるわけだが、一九世紀末に至ってフランスがセネガルを実効支配するようになると落花生栽培は急増する。そこには、当時、新しく創生されたセネガルに独自ともいえるイスラム教団ムリッドが関わっている。そのことに深入りするのは本書の筋から離れてしまうのだが、ムリッド教団についてごく簡単に説明しておこう。

アラビア半島で創生したイスラム教がセネガルに伝わったのは一〇世紀以前という早い時期である。ただ、長い間、ごく一部の人々に「外来文化」として受け入れられていたに過ぎない。ティッジャーニ派、カディリーヤ派という二つの大きな流れがあった。

一五世紀末から始まった西欧諸国による奴隷交易の長い時期を経て、一九世紀末にフランスがセネガルに武力侵攻する。植民地として開発するためである。セネガルにあった幾つかの王国のうち、特に強大であったカジョール王国の王ラット・ジョールはフランスの侵入に強く抵抗したが、フランスはこの王を一八八六年に殺害する。後にムリッドと呼ばれるようになるイスラム教団が創設されたのはこの年である。みずからの伝統的な権威が武力で否定されたことに対する一つの抵抗の形として生まれた宗教教団と言えるだろう。

ムリッド教団では宗教的な権威への絶対的な服従と並んで労働の称揚が謳われた。他方、それと同じ頃、植民地支配を強めていたフランスはセネガルを落花生栽培地として開発しようとしていたことをすでに記した。ムリッド教団の教えとしての労働の称揚と、フランス植民地政府が導入した落花生栽培とが奇妙にも結びついていったのである。

当初、フランス植民地支配への抵抗として生まれた観のあったイスラム教団ムリッドであったのだが、時を経る中でフランス植民地統治勢力と協調するようになっていったことになる。

セネガルが一九六〇年に独立したとき、落花生はそれだけでセネガルの輸出総額の八〇パーセントを占めていた。落花生栽培に従事する人々は労働人口の八七パーセントにもなり、耕作面積の半分は落花生栽培にあてられていたのである。このように農村人口の大半が落花生栽培に関わっていたのみならず、落花生加工過程においても多くの人が関わり、またセネガル政府収入の大半が落花生輸出に課せられる税でまかなわれる状況になっていた。さしあたり他に自然資源が豊かとはいえないセネガルは落花生に依存する経済体制を立てることになる。独立後六年を経た一九六六年には政府組織として「農村開発支援公社」(ONCAD)が創設され、落花生栽培が国の経済を支える基盤をなした。

これによってセネガルは近代的な国に発展するはずだった。セネガルより南の熱帯降雨林地帯に位置するコートディヴォアールでは植民地政府時代にコーヒー、カカオ、アブラヤシ、パイナップル、木材といった作物が栽培されるようになり、これらの作物によって一九七〇年代に「奇跡」といわれるほどの経済発展をなした。しかしセネガルの場合、落花生のみに依存する経済はやはり脆弱であったといわねばならない。公社内部でも汚職や横領、人員の不正雇用など多くの不正がなされた。独立時からセネガルを統括してきたレオポルド・セダール・サンゴール大統領は独立からちょうど二〇年後の一九八〇年一二月三一日に突然、辞任するのだが、そこには彼がセネガル経済発展の基盤にしようとしていた落花生依存経済が失敗に帰したことが大きく関わっている。

いずれにせよ、セネガル人が落花生油を多用するようになったのはフランス植民地政府下での政策と大きく関わっているわけである。その意味では、セネガル料理はフランスの統治政策の影響を大きく受けていると言わねばなるまい。現在、落花生油はダカールにある工場で搾油されている。一方、フランス本国での落花生油使用量は大きく減少してきている。ヒマワリ油の方が多く使われているし、高価ではあるがオリーブ油も好まれる。長い間セネガル経済を支えてきた落花生は、現今の世界でかつてほど高く売れる産物ではなくなっているのである。しかし、セネガル人自身は自分たちで栽培し、セネガルで生産される落花生油を今も多用している。一般のセネガル人にとって、日常生活においてはまず米の価格、そして落花生油、及び砂糖の価格、この三つが大きな関心事なのである。

◉**註**

★1—小川了「バランタ族の農耕概報」『アフリカ　民族学的研究』和田正平編著、同朋舎出版、一九八七年、七〇三—七一三ページ。

★2—Direction des Services Economiques et du Plan, *Le riz en A.O.F.* (roneo), 1957.

★3—U.S. Department of Agriculture, *Rice in West Africa*, 1968, p.4.

★4—ibid., p.139.

★5—各年のRapport de Situation Economique, Direction de la Statistique, République du Sénégalを参照。

★6—cf. Igor Cusack, Pots, Pens and 'Eating Out the Body': Cuisine and the Gendering of African Nations, *Nations and Nationalism*, 2003, Vol.9, No.2, pp.277-296.

★7—cf. ibid., p.278.

第四章―セネガル都市民の食2

セネガルの、特に都会では米がよく食べられていること、そして米の料理には落花生油が多量に使われていることを前章で述べた。米料理は伝統的な雑穀をベースにした料理に比べると、すでに精米された米を市場などで買ってくればよいのだから手軽である。だから地方部でも女性たちは米料理を好む。雑穀を臼と杵で搗くという大仕事をしないでよいからだ。となると、米をベースにした料理は今後、地方部へもますます浸透していくだろう。

セネガルでは幾つかの種類の米料理が食べられる。日本での一般的な米の食べ方、つまり白いご飯として米を炊き、それとおかずを共に口にするという食べ方とはだいぶ異なる。だいいち、前章で述べたように、米は破砕されており、それに油を多く使う。では、米はどのように料理して食べられているのだろうか。それをこの章でじっくり見ていこう。

一——多彩な米料理

セネガルの米料理はとても多彩である。それをどのような基準で分類するかとなると、魚を主にしたもの、肉を主にしたものといった分け方がまず考えられる。しかし、ここはセネガルの人々の分類に倣うのがよいだろう。

セネガルの人々は料理の分類に関して、「ベンナ・チン（一つ鍋）」、「ニャーリ・チン（二つ鍋）」といった表現を日常的に使っている。ここではこの現地式分類を基本にして説明を進めるのが分かりやすいだろう。ベンナ・チン（一つ鍋）とは要するに鍋一つでできる料理ということであり、ニャーリ・チン（二つ鍋）は料理にあたって二つの鍋が必要だということである。ここで使われている現地語はいずれもセネガルで最も話者数の多いウオロフ語での表現である。

一つ鍋料理の場合、一つの鍋の中で魚にせよ、肉にせよ、野菜などと共に煮込み、それらの具が煮えたところで、一度それらを取り出し、その煮汁の中に米を入れて炊く。したがって鍋が一つあれば料理できることになる。米は当然ながら、煮汁に溶け込んだ魚や野菜などのうまみを充分に吸い込んだものになる。

二つ鍋料理の場合は一つの鍋では米を炊く。日本でのように白いご飯を炊くわけである。それに、もう一つの鍋を用いて作る肉や野菜の入ったソースをかけて食べることになる。こうして、二つの鍋が必要になるわけだ。

チエブ・ジエン（魚ご飯）

セネガル料理といえば、まず取り沙汰されるのがこれである。セネガル人もこれこそがセネガルを代表する料理だと自認し、自負している。セネガル人にとって、やや大げさに言えばナショナリズムをかきたてるほどの力のある料理がこれなのだ。実のところ、新興国家として、それも、ともすれば「遅れた」とか「低開発の」といった形容詞をつけられやすい国にとって、国民的に誇るべき料理があるということはとても大事なことなのだと思う。料理も当然ながら民族のアイデンティティ形成、国民統合意識の形成に役立っている。その意味で、セネガル人にとって我がセネガルには「チェブ・ジェンがある」と堂々といえるのは幸せなことというべきであろう。

ダカール市内の高級フランス料理店などにもチェブ・ジェンを観光客向けにアレンジしたものを提供するところがある。その場合、メニューには「チェブ・ジェン・サンルイジアン」などと記されている。サンルイ風チェブ・ジェンという意味だが、これはチェブ・ジェンはもともとサンルイという町から起源したといわれているることに関わっている。サンルイはセネガル最北部、セネガル川が大西洋に流れ込む河口の町だが、フランスがセネガル地域を植民地化するときの基地になった町である。いや、もっと正確に言うと、植民地化がなされるよりはるかに早い時代から、西アフリカ内陸部からセネガル川を伝って送られてきた奴隷たちを買い取り、アメリカに向けて送り出す奴隷を仕入れるための基地だった町なのだ。いずれにせよ、セネガル人が早い時代からフランス、イギリスなどヨーロッパの国と密度の濃い接触を持った町なのだ。

植民地時代、このサンルイには西アフリカ・フランス領植民地を統括する総督府が置かれていた。植民地時代の最も重要な町であったのだ。このことと関連しているのだろう、サンルイ地域出身のセネガル人はサンルイという町を大変誇りにしており、その町で生まれたといわれる料理チェブ・ジェンを誇りにしている。これから詳しく述べるが、チェブ・ジェンで使われる魚の腹部にはパセリやニンニクなど何種類もの香味野菜が詰め込まれる。フランス料理でいうところの「ファルシ」だが、こういった手法にフランス料理の影響がかいま見られるのかもしれない。

チェブ・ジェンは典型的なベンナ・チン、一つ鍋料理である。落花生油とトマトピュレーを多量に使う。いわばトマトの赤にそまった油いっぱいのご飯であるが、これに使われる魚、野菜、各種の調味料ともにずいぶんと手が加えられており、確かにおいしい。ここでは、二〇〇三年春にダカールで料理の様子をじっくり見学させていただいた一家庭でのチェブ・ジェン料理の過程を詳細に記してみよう。先にも述べたが、米を使った料理は昼食用であり、チェブ・ジェンも昼食として作られるものである。

家の主はダカール市内のある高校の教師をしている。中流の上のクラスといってよかろう。家族員としては九人であるが、泊り込みのメイドさん(一八歳ぐらい)が一人、それに親戚の子供三人を預かっている。さらに、近くに住む親戚の子供(一四歳から一六歳)が五人から六人、毎日、昼食を食べに来る。これで、昼食には常時一八人から一九人があずかることがわかるが、実際には不意に昼に来るお客、また高校の教師という社会的に高い地位にあることを読み込んで、しばしば昼食を狙うかのように訪れる友人・知人諸氏がいるので、普通は二〇人が食べられるほどを料理するのだという。米の量としては一食分として三・五キロを炊くのが普通だという。一人あたりにして約一五〇グラムから一九〇グラムの米ということになる。日本風に言えば、一人あたり約一合の米を炊くことになる。幼い子供も含まれているから大人はもう少し多く食べるだろう。米は普通は五〇キロの袋入りのものを買う。これで二週間と数日もてばよいという。

今回の料理見学のための仲介を頼んだ私の友人二人と私が訪れたのは日曜日であった。そのため、普通は昼食に来る親戚の子供五人ほどはその日は来ないことが分かっており、また、当の家庭の子供たち数人は外出していたこともあり、昼食はいつもより少量作るということであった。料理を担当したのは二四歳の長女アミナタさんであった。参考のために、次に市場で購入された諸材料の量と各々の値段を一覧として記しておこう。金額の単位はＣＦＡフランという西アフリカの旧フランス領地域で共通に使われている通貨であり、現在のレートで概算すると五ＣＦＡフランが約一円に相当する。

米(破砕米、パキスタンからの輸入)二・五キロ	五七五f
落花生油七五〇cc(二五〇cc入りのナイロン袋を三個)	七五〇f
トマトピュレー 二五〇グラム	三五〇f
玉ねぎ三個	七五f
ニンニク二分の一個	二五f
赤唐辛子四個	一〇〇f
ローゼレの葉少々	五〇f
パセリ二束	五〇f
生鮮トマト三個	二五〇f
カボチャ二切れ	五〇f
ナス 一個	二五f
ジャハトゥ 一個	五〇f
魚(ヤーボイ)三匹	六〇〇f
魚(ハマチに似ている)輪切りにしたもの二個	六〇〇f
コショウ一包み	五〇f
マギー (固形スープの素)三個	七五f
計	三六七五f

(fはCFAフランを表す)

その日の予算として五〇〇〇フラン(約一〇〇〇円)を前もってお渡ししておいたのだが、購入費は米、魚を含めて三六七五フラン(約七三五円ほど)であった。ただし、ヤーボイというニシンに似た魚のうち一匹は小さなミートボール状にするもので、そのため市場でミンチにしてもらい、その費用が別に一五〇フランかかっている。また、この日、市場では購入されなかったが、家にあった材料として人参、キャベツ、大根(小)、カブ、トマト三個、マニオク、インゲン豆、それにゲジという干し魚、ケチャという燻製・日干し魚、イエットという干し貝、さらにネテトゥという味噌のような醗酵調味料、タマリンドの実が使われている。これらすべてを加算するとざっと四〇〇〇フラン強が一回分のチェブ・ジェンを作るために必要と考えられる。平常どおり二〇人分を作るとなると、四〇〇〇フランでは足りない。約五〇〇〇フランが必要になるだろう。

チェブ・ジェン(魚ご飯)という以上、米と並んで魚は一方の主役である。白身の魚が使われる。この日はハマチに似た魚のぶつ切りが使われた。セネガルのチェブ・ジェンといえば現地語(ウォロフ語)でチョーフという、日本では地域によってクエと呼ばれたり、アラと呼ばれる魚がもっともよいとされる。クエは日本では冬にのみ、名のある料亭などで供される高級魚として知られる。白身のまことに上品な味の魚だ。私など、日本ではとても高すぎて手が出る魚ではない。第一、一般のスーパーでは販売されていないと思う。かつてのセネガルにおいても値段の張る魚であることには違いなかったが、ともかく市場ではたくさん売っていた。しかし、現今はダカールの市場でも目にすることはほとんどない。高級魚として高く売れることが了解され、輸出に回されているのだという。あるいは日本で食されるクエもセネガルあたりから運ばれているのかもしれない。セネガル人にとってはまったく残念な状況だろう。また、私たち日本人は世界の「おいしいもの」を現地の人々の需要を「犠牲にして」食べているのではないかという気もする。

いよいよチェブ・ジェン料理に取りかかる。長女アミナタさんとメイドの二人が今日の料理当番になっている。ただメイドさんはいかにも若く、料理については助手という感じで、もっぱら食器を洗って整えたり、野菜の下準備などをする役に回っていた。

まず、ニンニク二片とパセリを臼で搗く。この臼と杵は都会であってもどこの家にも必ずあるもので、穀物を搗く臼よりは小さく、杵も全長六〇センチほどである。玉ねぎ一個をみじん切りにし、これも先ほどの臼に入れ、すべてを搗き砕き、まぜる。これに塩、コショウを加えたものを、腹わたを取った魚に詰めるのである。フランス料理で言うところのファルシだ。ところで、ここでは玉ねぎなどを「切る」とだけ記してきたが、実はまな板はない。まな板なしに、野菜を切るのである。切り方のおもしろさについては、後に詳しく記そう(一七二ページ以下)。

大鍋に油三袋(二五〇cc入りのナイロン袋を三つで七五〇cc)の大半、約六〇〇ccぐらいを入れ、熱する。油が熱せられたところで、別にみじん切りにした玉ねぎ一個を入れ、トマト全六個をみじん切りにし、それにトマトピュレーも加えたものを入れる。塩大さじ一杯半を加える。三分ほど熱し、そこへファルシにした魚を入れる。イエット(干した貝)も入れる。

その間に、メイドさんはカボチャの皮を剥き、ナスを半割りに切り、カブ、人参、大根なども皮を剥いて、半割りぐらいに大きく切る。マニオクも皮を剥き、大きく切る。キャベツ(大きめのリンゴほどの大きさ)も同様に切る。ジャハトゥはヘタだけをとる。ジャハトゥという野菜は日本で眼にしたことはないが、ナス科の野菜で見たところ青いトマトにそっくりである。しかし、中はナスのようにさくさくとしている。煮てもちょっとした苦味がある。香味野菜として、軽い苦味を楽しむものになっている。多分、この苦味ゆえだと思うが、子供たちはこれが苦手なことが多く、人々は「ジャハトゥを食べないと、人食いになるよ」といったりして食べるようにしむける。

ニンニク二片を臼に入れ、少量の水を加えて搗き、砕く。それを魚を揚げている鍋に入れ、唐辛子二個も入れ、すぐに水約一・五リットルを加える。

ミンチにした魚ヤーボイを使って、ミートボールを作る。コショウ、唐辛子(乾燥)、ニンニク二片、ローゼレの葉、パセリを臼に入れ、マギー(固形スープの素)一個を加え搗く。全体が砕かれて混ざったところで、ヤーボイ(魚)のミンチを加えてさらに搗き混ぜる。(ローゼレも日本ではお目にかからない。味としてはシソの葉を思っていただきたい。)

大鍋で魚を油煮しているが、煮始めて一五分ほどたったところで先に記した各種の野菜を加える。これからさらに四五分ほども煮た。魚が煮崩れしないのが不思議に思える。

ところで、この家庭では煮炊きにはプロパン・ガスを使っている。ダカールには都市ガスはない。プロパン・ガスを使う家庭は裕福というべきで、ダカールでは今でも多くの庶民の家庭では木炭が使われている。プロパン・ガスのボンベは五キロで、持ち運び可能である。料理の間、気になったのだがガスの火はほとんどいつも強火のままになっていて、火力調節はほとんどなされなかった。これは他の家庭で何度も料理を観察させていただいた時も同様であった。ガス使用に無駄が多いように思う。そして、このことは木炭や枯れ木を使っての料理を長い間してきたことに関連していると思われる。木炭や枯れ木を使っての料理では火力の調節はそう簡単にはできない。一度火をつけると燃えるがままということになりがちだ。ガスを使うときも、この習慣が残っているのではないだろうか。火力調節による燃料節約という考えがあまりないようである。

先ほど下準備したヤーボイ(魚)のミンチを少量ずつ指で丸めて、ミートボールを作る。直径一・五センチほどで小さめである。ミンチが指にくっつかないよう、油で指をぬらしながら作業する。これができると、小鍋に油の残り一五〇ccを入れ、熱して、ミートボールを静かに入れていく。

ミートボールのソースを作る。大根、人参を粗く千切りにする。玉ねぎ二個をみじん切り、インゲン豆を小さく切る。繰り返すが、これらはすべてまな板なしでなされる作業である。ミートボールができると、その小鍋にトマトピュレー、塩、水を一リットルほど入れ、ここに記した大根、人参の千切り、玉ねぎ、インゲン豆を入れる。ニンニク一片、マギー一個も入れる。月桂樹の葉を加え、酢少量を入れ、味を調える。野菜が煮えるまで小鍋に蓋をして煮る。

先ほどの魚を油煮している大鍋だが、一時間ほど魚を煮たところで、ナス、カボチャ、ローゼレの葉を加え、干し魚ゲジを加えた。日本でもおなじみの固形スープの素マギー一個をつぶして加えた。

さて、チェブ・ジェンは米を基盤にした料理である。しかし、米はこの段階に至るまで洗いもしない。市場から買ってきたままの状態でナイロン袋に入れておいてある。この段階に至ってやっと冷水で洗った。米を洗うと、底に小さな穴がたくさんあけられた金属製の甑《こしき》に移し、この甑を魚を煮ている大鍋の上にのせるのである。甑に蓋をする。甑と大鍋の間に細く裂いた布地を巻いて蒸気が逃げないようにする。こうして米を蒸すのである。一〇分ほど蒸すと米は水分を吸って白くなる。

甑を大鍋からはずす。タマリンドの実を水で洗い、鍋に入れる。それから大鍋の中で充分に煮えた魚、野菜などを穴あき玉じゃくし(金属製)を使って取り出すのである。大鍋の中では表面には大量の油がたゆたい、その底にトマトピュレーで赤くなった汁がある。汁の赤みが足らないと思うと、その段階でさらにトマトピュレーを加える。チェブ・ジェンは赤みが大事なのだという。そうして蒸した米を、この煮汁に入れて炊き始めるのである。この段階に来て、ガスの火が少し弱められた。

米を炊き上げるのに五五分ほどかかった。出来上がったのは午後二時二五分を過ぎていた。日曜日だから、これが普通の昼食時間である。

米が炊き上がると、すぐに盛り付けがなされる。床にゴザ(ナイロン製)を敷き、その上に大きな洗面器状の容器二つが置かれる。ここまで料理をしてきたのは長女アミナタさんとメイドさんであったが、盛り付けは母親がする。これはどこの家庭でも必ずそうされる。一家を切り盛りする主婦の出番なのである。大きな容器は男性用、少し小さめの容器を女性と子供用にする。まず、赤く炊き上がったご飯を容器に入れる。おいしそうな匂いが一気にその場を満たす。ご飯の中央部に少し窪みをつけ、そこに魚を置き、魚の周りに各種の野菜を置く。大鍋の底にできる油を含んだ「おこげ」をこそぎとり、これも一種のおかずのように使われる。少量をご飯の上にまぶすようにして食べると、ポチポチと歯応えがよくなる。野菜の上からヤーボイのミートボール・野菜のソースをかける。容器の周りに座り、熱いうちにいただく。

注記しておくが、ここに記した料理法では大鍋の他に小鍋がひとつ使われている。チェブ・ジェンは「一つ鍋料理」の典型と述べたのに、二つの鍋が使われているではないかと思われたであろう。小鍋は魚のミートボールを作るために使われた。実のところ、これは特別である。普通はわざわざミートボールなどは作らない。日曜日の料理であり、また私たちが訪問していたこともあって、特別に作られたものと思われる。ミートボールなしですでに充分おいしいチェブ・ジェンであるが、より豪華にするためのものである。また、ミートボールを別に作るというのはごく最近に始まったことでもある。

なお、チェブ・ジェンにはトマトピュレーを用いず、したがって煮汁が赤くならないものがある。米を入れて出来上がったものは、油がつやつやと照りかえっているご飯であり、赤くないのでチェブ・ジェン・ブラン(白いチェブ・ジェン)といわれる。

また、チェブ・ヤップ(肉ご飯)といわれる料理があり、これもよく食べられるものだが、チェブ・ジェンの魚の代わりに肉を用いたものといえよう。料理法はここに記したチェブ・ジェンの場合と同様で、魚の代わりに肉を用いるものである。野菜はここに記したように多種類を用いると豪華だが、チェブ・ヤップの場合、野菜は玉ねぎ以外ほとんど用いず、ご飯に肉が混じっているという感じのものが多い。肉のおいしさでご飯を食べさせるということかもしれない。

二——食事の作法、その他

長い時間をかけた料理が出来上がると、盛り付けは一家の主婦がおこなうことはすでに記した。市場への買い物、料理、そういったことはメイドさんや、若い娘さんがおこなうのが普通だが、盛り付けは別なのである。主婦は家族構成、その日の客の状況などを按配して盛り付ける。

これもすでに記したが、食事容器として普通は二つの容器を使う。男性用が一つ、それと女性と幼い子供たち用が一つである。実は、このほかにもう一つ平底の盆(金属製)があり、この金属盆には煮汁の中から取り出したタマリンドの実、そして魚の頭の部分(もちろんこれがあればの話)、魚の大骨、そして少量の煮汁などが入れられ、一家の主が座っている場所の横に置かれる。これが食事の最後の部分で重要になる。そのことは後に記す。また、別の盆に冷たい水の入ったビンなどと大きなコップ一つがおかれ、これも主人の横におかれる。

床には大きな布地、あるいはゴザが敷かれ、その上にナイロン布が敷かれる。その上に、チェブ・ジェン入りの大きな洗面器状容器(径六〇センチほど)が運ばれる。一家の主が、声をかけ、男性たちにその周りに座るよううながす。一家の主はあぐらをかいて座るかもしれない。しかし、他の男性たちはあぐらをかくことはないだろう。片方の足(普通は右足)を立膝に、左足は折り畳んで容器の周りに座る。要するに、座ったときに人が占める面積の問題である。容器を取り囲むように座るのだから、一人で大きな面積を占めるような座り方をするものではない。人数が多くなると、容器の周囲に座りきれない人が出てくることもある。そのような場合、皆が肩をすぼめるように、ぎっしり詰めて座りはするが、若い青年などは座った人の後ろから手だけを伸ばしてご飯をとるという状況も起こる。

もう一つ、食事の際の原則的な決まりごとがある。右手で食べるのである。左手は容器の中に入れない。魚の肉をほぐすときなど、手で直接食べるのであれば右手だけでも別に難しいことではないが、現今そうであるようにスプーンを用いて食べる場合、そう簡単ではないこともある。つい、左手を差し出し、魚を押さえて右手のスプーンで魚の骨を取り除いたり、あるいは左手で魚の骨をとりたくもなるが、これはいけない。

さて、普通は男性だけで一つの容器を囲むのだが、重要な客、あるいは私たちのようにいささか珍しい客などがある場合、そこに女性が一人加わる。私たちが訪れたときは、料理を担当してくれた長女アミナタさんが加わった。すでに一〇年ほども前から、セネガルの都市部では食事に際してのスプーンの使用が一般化し始めたが、この男性グループに加わった女性はスプーンを使わず、手で食べるであろう。この人は、皆が食事しているとき、もちろん自分も一緒に食べはするけれど、他の人々、特に一家の主、そして客たちの食べ方に注意し、その人々が食べやすいように気配りする人なのである。魚の身を指でほぐし、主や客の前にさりげなく投げる。

魚や野菜などはご飯の中央部に置かれている。そこにおいしいものがあるからといって、やたらと手を伸ばして、おいしいものを独り占めするのはみっともないし、無礼でもある。こうして、人は自分の目の前にある部分のご飯を食べる。魚や野菜を食べるときは、少し手を伸ばし、スプーンを使って、魚の身を少しばかりほぐしとって、ご飯と一緒に口に運ぶ。人参や大根、ナス、キャベツなども大ぶりに切ったものがのせてあるが、大きい塊をそのままスプーンにのせて口に運んだりするのは反則だ。少しを削り取るようにして、ご飯と一緒に口に運ぶ。

お客として食事にあずかっている場合、しばしば身をほぐされた魚や、人参やキャベツを食べやすく小さく切り取ったものが自分の前に投げられるだろう。食事を差配する女性が投げてくれるのである。差配する女性がスプーンを使わず、手で食べるのは魚をほぐしたり、野菜を小さく切り取ったりするときに直接に手でやるほうがたやすいし、また、特定の人の前にさりげなく投げ出すときにもスプーンを使ってやるよりはるかに簡単だからである。

ここで述べておくと、肉料理の場合は別の問題がある。肉は日本でのように小さく切ってあるのではない。大きな塊として、ご飯の中央部にのっている。これをスプーンで切り取るのはまず困難である。このような時、差配する女性がすかさず手を伸ばして、指で小さく食べやすいようにちぎり取ってくれる。また、肉を主体にした料理の場合、食べる人はスプーンを用いず、手で直接食べることも多い。その方が、簡単である。その場合、大きな肉の塊に手を伸ばし、肉の小片をちぎり取ろうとしても、右手の指だけではなかなかうまくいかない。そうすると、自分が座っている席の向かい側にいる人などが右手を差し出して、肉塊をつかんでくれる。助け舟を出してくれるわけだ。そこで、こちらは小片を引っ張るように、ちぎり取る。このような場合も、自分の左手を出して、肉塊をつかんだりしてはいけない。

主人が「アイチャ！(さぁ、どうぞ)」といった声を出すと、皆が食べ始めるが、食事中はほとんど話をしない。「おいしい」といった論評なども特にしない。また、もう一つ注目されるのは、食べている間は水は飲まないということである。食事中に水を飲むのが許されるのは、ごく幼い子供だけである。充分に食べ、食事を終えると、容器のそばを離れ、そうしてやっと水を飲む。これは多分、衛生観念と結びついているのだと思われる。水の容器は普通は一個だけがその場においてある。これを使って皆が順番に飲むわけだ。そうすると、もし食事中に水を飲んだりすると、口の中のご飯粒などが水容器のなかに入らないとも限らない。油をたくさん使ったご飯を食べているのだから、唇にも油がたくさんついている。そのような状態で水のコップを口にするのはやはり不衛生に見える。だから、食べ終えてから、手を洗い、唇の油も落としてからコップの水に口をつけるのだ。

さて、その場の食事があらかた終わりに差しかかる頃、主人にとってもう一つの楽しみが始まる。ここで、先に述べたタマリンドの実や、魚の頭、魚の大骨などがのった盆が登場する。この盆はかならず主人の横においてある。魚の頭の部分をほぐすと、脳みそや目玉の周りなどおいしい部分がある。また、大骨もしゃぶるとおいしい。タマリンドの実は甘酸っぱい。これらが主人用に最後に残されているわけである。主は大方の場合、あぐらをかいて座っている。そのあぐらの膝の上に幼い孫などを座らせ、孫の口に入れても危なくないものは孫にもしゃぶらせるだろう。これだけは一家の主人の特権であるらしく、客に勧めることはない。主と孫が食べる。そして、主人がおいしいものをしゃぶり終わると、少し離れた場所で女性同士で食べていたその家の若い娘などがそこに集まり、タマリンドの実などをしゃぶったりする。一家の主人の特権としてのこの楽しみのことをウオロフ語で「マッチャトゥ」という。ウオロフ語の動詞語根に「マッチュ」というのがあり、「しゃぶる」を意味している。これから派生した語であろう。実際、タマリンドの実にせよ、魚の頭の骨にせよ、人はちゅーちゅーと音を立ててしゃぶっている。しゃぶっておいしさを味わうのだ。

食事の開始に当たっては主人が「アイチャ」と声をかけることを記した。これは、「さぁ」といった掛け声であって、特に意味はない。「アイチャ」はしかし、くだけた表現であって、もっと丁寧にはイスラムの祈りの言葉の一つである「ビスミッラ」と発声される。人々は皆、食べ始める前に小声で「ビスミッラ」と言う。ビスミッラは、何事にせよ事を始める前に口にされる表現である。また、人は食べ終わると、別に言葉を発することもなく、その場を離れようとする。すると、必ずその場の誰かから「どこに行くんだ」といった声がかかるだろう。「場を離れずに、もっと食べなさい」の意味である。それに対し、人は「スールナ(満腹です)」、あるいは「ドイナ(充分です)」と応えるだろう。この応答は儀礼的になされるものであるが、互いにもっと食べなさいと気遣っている様子が表現されている。

「ごちそうさま」と、目に見えぬ神さま、あるいは料理をしてくれた人に対する感謝の表現にあたるものはないようだ。要するに、お腹が「くちくなった」ことが表現されるのみである。こうして、食べ終わり、その場を離れてから、先に記したとおり、水を飲むのである。それによって食事は完全に終わる。その後、お茶が出されることもあるが、これはまた時間のかかる別の行事だ。

書き落としたが、魚などを食べていると骨が出る。これら食べられないものは、ナイロン布の上に直接置いてよい。ナイロン布はそのために敷かれるのである。

もう一つ、これも重要なことだが、食前、食後の手洗いについて記しておかねばならない。ここに至るまで、手洗いについて記すことをすっかり失念していたのは、現今はスプーンの使用が広く普及し、そのことによって食前、食後の手洗いが忘れられる、ないしは必要ないものと考えられているらしく、かつてほど手洗いの励行はなされなくなったからである。

スプーンの使用がこれほどまでに一般化したのは、全くここ数年来のことに過ぎない。それまでは多くの家庭で食事は手でするものであった。手で食べるとなると、食前、食後の手洗いは大切だ。半割りのひょうたん容器や金属製のボールに水が入れられ、場合によっては石鹸（一般には日本でいう洗濯石鹸）が添えられる。主人、客などから順番に手を洗う。賓客などの場合は、水差しに入った水を主婦、あるいは若者などが差し掛けてくれる。問題は食後である。手は油などでヌルヌル、テカテカになっている。その手を、食前に手を洗った容器の中の同じ水で洗うのが普通なのである。食事は先にも記したとおり、右手だけでおこなうのだが、その手を洗うときは当然ながら両手を水につけて洗う。石鹸がない場合、水だけで、それも食前に手を洗うのに使った水だから相当に汚れているが、その水で洗う。そうして、多くの人が自分の頭髪で手を拭う。これで手の油はともかくとれ、頭髪は油で輝きを増す。

石鹸がある場合はそれを使うが、水は石鹸で茶灰色に濁り、それにチェブ・ジェン特有の濃い橙色の油が玉になってたくさん浮いている。これで、手を洗い、唇の油を落とす。この見た目にかなり迫力のある石鹸・油水で唇を洗うには、ちょっとした勇気というか慣れが必要である。繰り返しになるが、ここでも賓客の場合には、石鹸と水差しの水（つまり、新しいきれいな水）を誰かが差し掛けてくれるだろう。

三――調味料など

これまでの記述を通して、チェブ・ジェンにはずいぶん多くの調味料、香味野菜などが使われていることに気付かれたかと思う。塩、コショウはひとまずおいて、ざっと記すと、ニンニク、玉ねぎから始まって、唐辛子、パセリ、タマリンドの実、ネテトゥ（味噌のような醗酵食品）、そして干し貝、干し魚（ゲジとケチャの二種）などが使われている。まことに豊かである。煮込む野菜の種類も多く、それにあわせてこれだけの調味料を用いるのだから、味わいが深くなるのだろう。

ニンニク、玉ねぎ、パセリについては説明は不要として、セネガルの唐辛子は東京浅草のほおずき市で目にするホオズキほどの大きさのピーマンといおうか。深い緑色、あるいはそれに赤味がかかっている。別に、日本でいう「鷹の爪」のように乾燥させたものもある。生鮮唐辛子は、そのまま煮汁に入れ煮て、ご飯の上にのせられていたりする。辛味が好きな人はその唐辛子を指先などで少しつぶして汁を自分が食べるご飯の上に少したらす。つまり、唐辛子は煮汁の中でつぶされているわけではないので、煮汁全体が辛くなることはない。好きな人は辛くして食べればよいわけで合理的である。唐辛子の辛さにはずいぶん個体差があり、まったく辛味がないのもある。しかし、注意は必要で場合によっては猛烈な辛さを経験することになる。いずれにせよ、日本の唐辛子よりも香りはずっと強く、食欲をそそる。

タマリンドの実については、日本でも結構知られている。アフリカ、インドなど暑い気候の国の木であり、

市場の中の店で
調味料を売る店。ライム、ネテトゥ、タマリンドの実、パセリなど。セネガル料理には多種類の調味料が使われる。

マメ科、径一・五センチ、長さ一〇センチ前後の大きさの莢の中に実がなる。種(豆)が五、六個入っている。これは生のままでも、しゃぶると甘酸っぱくおいしい。これを莢ごと煮汁に入れて煮るわけである。煮た後も、しゃぶると甘酸っぱさが残っている。ビタミンCに富んでいると思われる。

ネテトゥは日本でいえば、味噌だろう。川田順造氏の著『サバンナの博物誌』中でスンバラ味噌として紹介されており、西アフリカのサバンナ地域の広い範囲で好まれていると思われる。スンバラとはマリなどで話されているジュラ語での呼び方だ。やはりマメ科の木(*Parkia biglobosa*)の実を煮て、やわらかくし、醗酵させたものである。醗酵させて、団子状に丸めてある。これを搗き砕いて紡錘形にまとめ、乾燥させたものの色は真っ黒である。団子状のものは茶色だ。いずれにせよ水で溶いて煮汁に加える。醗酵食品であり、また煮汁に溶かして使うことなど味噌に似ている。ただし、ネテトゥには塩は用いていない。乾燥させたものはさほどでもないが、茶色の団子状のものは相当に臭いが強い。ネテトゥという呼び名はウオロフ語である。セネガルでも内陸部の地方ではよく作られており、セネガル料理のほとんどに調味料として少量使われている。

干し貝、これには主なものが三種ある。そのうちの二つ、トゥファと呼ばれるものとヨホスと呼ばれるものは、日本での干しアサリによく似ている。いずれもセネガル南部のカザマンス地方で産するという。貝だから、煮汁の味をひときわよくするだろう。

ここにもう一つイェットと呼ばれる貝がある。これは大きな巻貝の類だが、ダカール近辺の海岸でも採取され、セネガルではごく普通に採れる貝であるようだ。これの肉を日干しにする。巨大なものだから、小さく切って市場などで売っている。小さく切ったもの一個を二五フラン(約五円)ぐらいで売る。売っているものも相当強烈に臭うが、煮汁に入れて煮ても臭みは強い。口に入れると、少し日がたって固くなったプロセス・チーズほどの噛みごたえがあり、独特の臭いとあいまってなかなかに味わい深い。噛みごたえがあるのがよいし、臭いは慣れればなんでもよい匂いに思えるものだ。ただし、食べ物の残りなどを捨ててあるゴミ捨て場では、腐ったイェットがこれはもう極悪強烈、許しがたい臭いを発し、息ができない。私個人はチェブ・ジェン中のイェットを好むが、セネガル人でもこれを嫌う人は結構多い。臭いのせいだろうか。数年前に現地の新聞で報じられたことがあるが、セネガルではイェット(巻貝)が減少しているとのことで、採取制限が課されているという。日常的には庶民の口に入りにくくなっているようである。

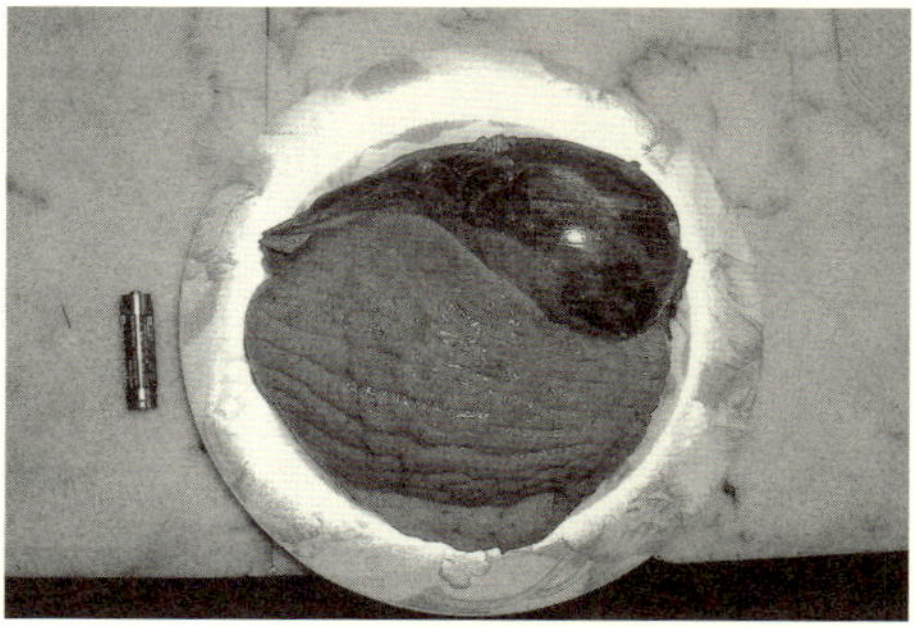

調味料の一つイェット
生きた状態のイェット。皿の横の電池と比べると大きさがわかる。これを天日で干したものを煮込んで食べる。かなり強い臭いがある。

干し魚のうち、ゲジという種類は要するに開いた魚に塩をして日干しにしたもので、ゲジにされる魚は数種類ある。日本での干し魚は、それを焼いて、ご飯のおかずとして食べられるが、セネガルのゲジは少量を煮汁に入れて、そのことによって煮汁の味をよくするのが主目的なので調味料といってよいだろう。もう一種の干し魚ケチャ（正確にはkeccaxとなる）、これは多分セネガル独自の製法に基づくものではないかと思われる大変特異なものだ。いったん燻製にした後、日干しにするのである。しかも燻製の方法がまことに特殊である。これも強烈な臭いを発するが、多くのセネガル人にとって懐かしい味の代表らしく、ヨーロッパなど外国を訪れるとき、その地に住む親族、知人に持っていく人が多い。航空会社はこれを機内に持ち込まれるのを嫌うようだが、禁止されているわけではない。ケチャの製法を次に詳しく記そう。

四——調味料としての干し魚ケチャ

ケチャにされるのは現地でヤーボイと称されるニシン科の魚、これ一種だけである。セネガル沿岸で大量に獲れる魚であり、値段もそれなりに安く大衆魚の代表といってよい。大きさ、色合い、そして食べたときの食感も含めて、日本で私たちがよく知っているニシンにそっくりだが、その学名は*Sardinella eba*というようだ。いずれにしてもニシン科の魚であることには間違いはない。ヤーボイと全く同種の魚が日本近海でも獲れるのかどうかは不明であり、専門家のご教示を仰ぎたいところである。小骨が多いのが難点だが、脂肪が多く大変美味である。かつて、一度、ヤーボイを炭火で日本風に塩焼きしていただいたことがある。そのとき、現地の友人と一緒に食べたのだが、その友人にとっては魚の塩焼きというのは初めてであった。ヤーボイという「大衆魚」が、かくも旨いものかとしきりに感心していた。（セネガルでは、魚の塩焼きという調理法は知られていないようだ。魚はフライにするか、チェブ・ジェンでそうするように汁で煮込んで食べる。）

先にも記したとおり、チェブ・ジェンにはかつてはチョーフ、つまり日本風に言えばクエが最も高級な魚として好まれていたが、最近は庶民に手が出る魚ではなく、多くの家庭でヤーボイが使われている。いずれにしても、干し魚としてのヤーボイ、つまりケチャはどこの家庭でもほとんど毎日口にしているはずである。

ケチャ作りはダカール郊外の沿岸各所でおこなわれている。漁は男性の仕事だが、ケチャへの加工工程すべては女性がおこなう。ヤーボイは一年を通して獲れるという。ただ、月の明るい夜などは漁はよくない。

暗い夜の方がよい。午後に漁から帰ってくる漁師たちを、女たちが浜辺で待ちかまえ、買い取る。その場で、各自が相対で値段の交渉をし、プラスチック製のたらい一杯幾らの価格を払う。そして、浜からわずかに離れた場所でケチャ作りが始まる。出来上がるまでに四日を要する。

まず、地面に直接ヤーボイを置いていく。きれいに並べ、全体が径二メートルから三メートルほどの大きさの円になるように並べる。この円を幾つも作る。そして、並べたヤーボイの上におがくずを置く。おがくずの厚みは二センチから四センチ程度であろうか。さらに、その上に枯れ木を置く。この枯れ木としてはバオバブ材がよいとされている。バオバブはサバンナ地域ではまことに有益で多用途に利用されているのだが、幹は空隙が多く、例えば建築材などにはならない。私は長い間、バオバブはじつに有益な木ではあるものの、幹だけは役に立たないと思っていた。しかし、これがしっかり役に立つ場があるわけだ。バオバブの幹は空隙が多い分、軽いわけで、ヤーボイを重さで押しつぶすこともなく、また火もつきやすいという利点がある。さて、おがくずとバオバブの枯れ木材を置くと、火をつける。こうして、火をつけたままその日の夜一晩放置するのである。おがくずを使っているから、じわじわと火が通る。

翌朝、本格的な作業が始まる。燃え尽きたおがくずの中からヤーボイ一匹ずつを手に取り、まず頭を取り除く。しかし、内臓は取らない。ケチャはキロ単位で売るので、内臓は残して置いた方が重量が減らず、得だという。また、取り除いた頭は頭で肥料用に売れる。ヤーボイの皮を剥く。ヤーボイの外側表面は焼けたおがくずと土で真っ黒に汚れているが、皮を取り除くと思わずはっとするほどきれいな身が現れる。全くおいしそうに焼けている。こういう焼き方は燻製というのだろうか、蒸し焼きというのだろうか。蒸し焼きのほうが適切かもしれない。

皮はガサッという感じで大きく剥ける。もちろん、熟練が必要なのだろうが。なにしろヤーボイの外側の皮は焦げたおがくずで汚れているので、手がひどく汚れる。皮を剥いたヤーボイの魚体を汚さないように、女性たちはそばにバケツの水を用意していて、頻繁に水で手をきれいにしながら作業を続ける。一匹一匹の皮を丁寧に剥くのだから、時間がかかる作業である。主婦たちは自分の娘などを作業に動員することが多い。

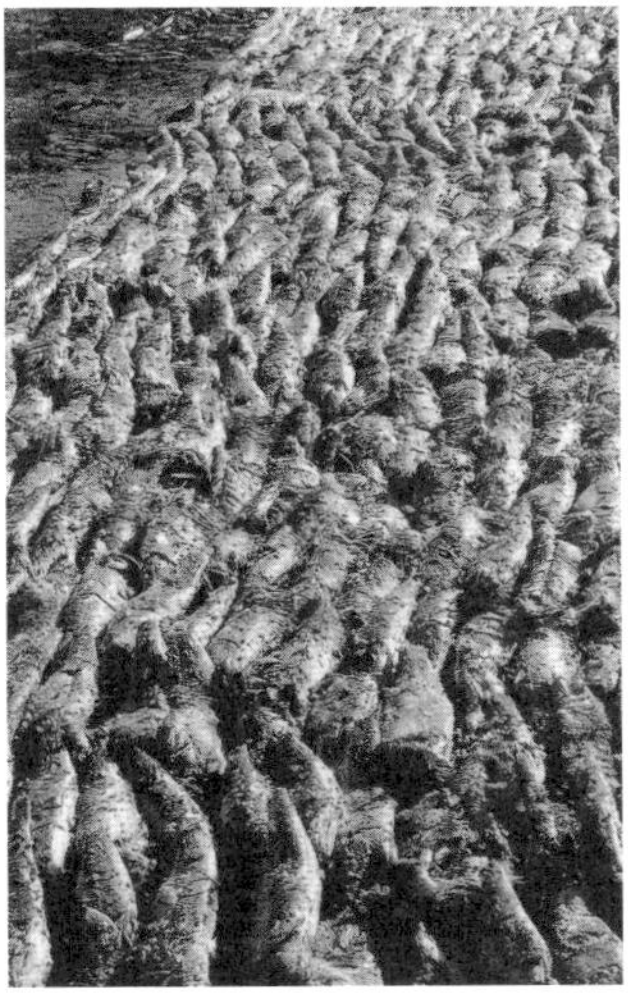

セネガルでの必須調味料の一つ、ケチャの製法
右上／ケチャはすべての工程が
女性によってなされる。
港で買い取ったヤーボイを一匹、一匹
地面に円形を描くように丁寧に並べる。
右中／並べたヤーボイの上に
おがくずをのせ、枯れ草、バオバブの
枯れた木片などをのせて火をつける。
この後、一晩、火をくすぶらせる。
右下／翌朝、燃えたおが屑を取り除く。
ヤーボイは蒸し焼き状態になっている。
左上／ヤーボイの焦げた皮を
きれいに取り除き、塩をして積み重ねる。
左下／蒸し焼きにした後、
塩をしたヤーボイを日に干す。
これで臭いの強い干し魚ケチャができあがる。

頭を取り除き、皮をきれいに剥いたヤーボイをたらいの中に並べていく。たらいの底に一面に並べると、塩をする。塩で魚体がうっすらと覆われるほどの量の塩を入れ、その上にまたヤーボイを並べる。ヤーボイと塩を順に重ねていくわけである。こうして一晩、塩漬けにして夜を越させる。その翌日、たらいからヤーボイを一匹ずつ取り出して、日干し台の上に並べ、二日ほど日に干してケチャはできあがる。干している間、夜は露が降りないように、布を掛けておく。また、猫や犬、あるいは泥棒に持って行かれることもあるので夜間警護の人を雇っている。

できあがったケチャは編みかごにいれて市場に運ぶ。編みかご一杯で二〇キロから二三キロぐらいの重さになっている。ヤーボイは一キロ単位で売り、値段の変動は大きいが一キロあたり二〇〇フラン(約四〇円)から三五〇フラン(約七〇円)というところだという。経費としては、まずヤーボイの購入代金があり、それに塩代、バオバブの枯れ木代、おがくず代、それらを製材所から浜まで運ぶための馬車料金、できあがったケチャを市場に運ぶ馬車料金などが必要である。割と単純な作業でできることもあり、誰でもやってよいのだそうだ。ただ、おがくず置き場、枯れ木置き場が設置されており、ケチャを日に干す台も設置されており、これらの使用権は当然誰にでもあるわけではないから、ケチャ作りに従事する女性たちは一定している。

すでに記したが、ケチャはかなり強い臭いを発する。その臭いが人々の食欲を刺激するのである。セネガル料理にとって重要材料の一つである。

五―スープ・カンジャ

こちらは「二つ鍋」料理、つまりニャーリ・チンである。一つの鍋で白いご飯を炊き、もう一つの鍋でご飯にかけるソースとなるものを作る。スープ・カンジャという名のスープはフランス語からの借用と思われる。スップと発音する人もいる。要するにスープ、「おつゆ」の意だ。カンジャはウオロフ語でオクラのことであり、多量のオクラを用いる。したがって、とろみの強いソースになる。肉や魚など、まことに多くの具の入った豊かな料理だが、ご飯にかけていただくのに、なぜ「スープ」と呼ぶのか。これが私にとって長い間の疑問だった。しかし、百聞は一見にしかず。料理の現場を見学させていただいてその理由がよく理解できた。

スープ・カンジャは肉を主体にすることも、あるいは魚を主にすることもできる。ここでは肉を主にしたものについて記すが、干し魚、干し貝など味を良くするものがたくさん使われている。

見学させていただいたのは、チェブ・ジェンを作っていただいたのと同じ家庭、高校教師の家である。料理を担当したのは同じく長女のアミナタさんとメイドさんであった。まず、材料を記そう（五f＝約一円）。

牛肉七五〇グラム……………………………………一三五〇f

トゥファ（アサリに似た干し貝）
ネテトゥ　紡錘形のもの一本
イェット少々
干し魚二種少しずつ（種類不明）
これら全部で　五〇〇f

燻製の魚（ナマズに似た大型魚）三切れ……一五〇〇f
干し小エビ　小三袋……三〇〇f
干し小エビの粉末（小）……五〇f
ヤシ油　五〇〇cc……五〇〇f
生鮮オクラ　一キロ……五〇〇f
生鮮唐辛子　三個……一〇〇f
マギー（固形スープの素）四個……七五f
乾燥オクラの粉　二小袋……一〇〇f
玉ねぎ　三個……七五f
米（破砕米）二・五キロ……五七五f

計……五六二五f

チェブ・ジェンを作っていただいた時同様に、米は二・五キロを炊いた。肉は牛肉を七五〇グラム購入したほかに、家の冷蔵庫に残っていた羊肉三〇〇グラムほどを加えている。使用した肉は全部で一キロほどということになる。この表を見ても分かるとおり、チェブ・ジェンを作るよりも費用がかかる。特に高価なのは燻製の魚である。セネガル南部で生産されるといい、ナマズに似た大型魚で油の多い魚であった。この料理では、セネガル料理の中では異例なのだが、落花生油は使わない。その代わりにヤシ油をたくさん使う。ヤシ油はセネガル南部のカザマンス地方から送られてくる。ヤシ油はセネガル南部からギニア、コートディヴォアールなど熱帯降雨林地域の特産品である。特有の濃い橙色と匂いがある。

オクラの粉とバオバブの粉
乾燥オクラの粉(左側)、
バオバブの葉を乾燥させて粉にしたラーロ(右側)。
これらはいずれも粘りけをつけると同時に、栄養もある。
お盆の上にはイエットと干し魚を切ったもの、
そして奥にはヤシ油がある。

スープ・カンジャを作る
上／スープ・カンジャを煮る鍋に臼で搗き砕いたオクラを入れる。鍋には灰汁が大量に浮いている。
下／スープ・カンジャを煮る鍋の横のもう一つの鍋で米を蒸している。二つ鍋料理の場合、具を煮る汁とご飯とが同時にできあがるように時間調整をしなければならない。

人々のいうところでは、スープ・カンジャはもともとセネガルの料理というよりはギニアあたりを起源地とするようだ。大量のオクラ（生鮮と乾燥粉末）とヤシ油、それに肉、干し魚、干し貝、エビなど味を良くするものを多種類使っている。ここで個人的な好みを記すのは反則かもしれないが、私はチェブ・ジェンよりもこちらが好物である。実のところ、ダカールの人々にもこれが大好物という人が多い。しかし、費用がかかることから一週間に一度、あるいは二週間に一度ぐらいしか家では食べられないといい、作るときにはたくさん作り、昼食用だけではなく夕食にもこれを食べるという人がかなりいる。人々はフランス語で「サ・デサン・ビヤン」などという。直訳すれば「よく、（胃の腑に）落ちる」ということ、つまりいくら口にしても口にするだけいくらでも胃に落ちていく、要するにとてもおいしいの意である。オクラをたくさん使っているから、ドロリ、ヌルリと喉の通りが良く、喉をよく滑り落ちるという意味もあるかもしれない。オクラを大量に用いた料理は、アフリカの各地で見られるようで、いずれもおいしく、アフリカ全体を代表する料理法の一つと言えるのではないだろうか。

市場での買い物から帰って、一二時一五分前に料理開始。大鍋に水を張り、塩を入れ、加熱する。その間に肉を食べやすい大きさに切る。食べやすい大きさというと、日本ではいわゆる一口大ということになるが、セネガルの場合、一口ではとても食べられないぐらいの大きさである。いずれにしても、食べるときにはちぎって小さくして食べる。鍋の湯が熱くなってきたところで、肉を入れる。そして、ネテトゥ、乾燥唐辛子(小)三個、ニンニク三片、玉ねぎ二個をみじん切りにしたもの、これらを臼に入れて搗き砕く。生鮮オクラや干し魚など水洗いし、生鮮オクラは薄く輪切りにする。切るときにまな板を使わないことは、すでにチェブ・ジェンの説明で述べた。切り方のおもしろさについては次の章で詳しく記す。オクラは薄く切った後、臼で搗いて、グチャグチャになったところで、肉を煮ている鍋に入れる。ここまでで、料理開始からすでに三五分がたっていた。

肉を湯で煮るのだから、灰汁《あく》が浮く。それも実にたくさんの灰汁が浮く。そこに搗き砕いて粘りが強くなったオクラを一キロ入れるのだから、粘りが灰汁をかたまりにし、見ていて驚くほどの灰汁が浮く。濃い灰色の灰汁がねっとりとした泡状にむくむくとちょっとした雲のように表面を覆う。が、灰汁をすくい取る気配は全くない。思わず、「灰汁は取らないの」と言いそうになるが、見学して学ぶ身としてはここで口を挟んだりすべきではないだろう。ここは黙って見ている。要するに、灰汁は取らないのだ。後で、別の人に聞いたところでは湯の表面に浮き上がる泡(灰汁)を取り除くことなど、セネガルではしないという。

ガスはプロパンガスだが、栓を全開にしており、ゴーッという音がし続けていたが、ここへ来てやっと火力を少し弱めた。それでも鍋の中は煮えたぎっている。肉の灰汁とオクラの粘りの泡を煮汁に混ぜ込み、塩味を見、固形マギー三個を加え、生鮮唐辛子も入れた。

午後一時過ぎ、鍋の中のものがあらかた煮えたと思う頃になって、やっと米を炊く準備が始まった。もう一つの大鍋に水を入れ、沸かし始める。ここに水洗いした米を入れる、のではない。この湯で米を蒸すのである。セネガルでは米はまず蒸して、その後で炊くのだ。チェブ・ジェンの項で記したとおり、底に小さな穴がたくさん空いた金属製の甑《こしき》に米を入れ、それを湯鍋の上に置く。甑に蓋をし、一五分ほど蒸す。途中、水の量を少し増やした。蒸し上がった米を、鍋の中に入れる。つまり、蒸すのに使った同じ湯で、今度は米を炊きあげることになる。米を炊き始めたのは一時四五分になっていた。

この間、肉などを煮る鍋はずっと火がついており、煮続けている。干し貝、干しエビ、干しエビ粉末など鍋に加える。その後、燻製のぶつ切り魚三切れを加えた。一四時五分、ヤシ油を加えた。もう一つの鍋でのご飯があらかた炊けている。

二つ鍋料理の場合、ソースとご飯との出来上がりが同調するようにしなければならないわけだ。ご飯ができていることを確かめて、肉鍋の塩味を確かめた。一四時二五分、ご飯ができた。それを見て、肉の鍋に乾燥オクラの粉末を加えて、すべての料理が完了であった。母親による盛りつけがなされ、昼食が始まったのは一四時四五分になっていた。料理が始まってから丁度三時間後である。

料理の過程を見ることによって、なぜこの料理が「スープ」と呼ばれるのかが理解できたと記した。ご飯に具入りソースをかけるという食べ方から考えると、スープと称される理由が分かりにくいが、料理法を見るとこれはまさにスープである。まず、湯を沸かし、それに肉なり、魚なりを入れていく。水煮するのだ。それゆえにスープと称されるのだ。その意味では、料理の初期の段階で油を使わない、セネガル料理の中では特異な位置を占めるものといえる。ヤシ油が大量に使われ、スープ・カンジャというとヤシ油の色がまず思い浮かべられるほどだが、このヤシ油は料理をするために使われるものとはいえない。料理のほとんど最後の段階で、つまり鍋の中のさまざまな具が煮えた段階で、味と色をつけるものとして加えられるものなのだ。

付け加えておくと、ヤシ油は濃い橙色をしているだけでなく、独特の臭いがある。セネガル人の中には、この臭いゆえにスープ・カンジャが嫌いだという人が結構いる。この臭いを嫌う人はヤシ油を入れないものを食べればよい。ヤシ油は料理の最後の段階で入れるものである以上、それを入れないで作ることも可能なのである。ただ繰り返しになるが、スープ・カンジャといえばヤシ油と結びつけて捉えられており、独特の橙色と味が大事な料理なのである。

もう一つ、強調しておきたいが、スープ・カンジャには実に多種類の調味材料が入っている。数種の干し魚、干しエビ、干しエビ粉末、干し貝数種、それにネテトゥ（味噌）や唐辛子などである。これら数多くの調味材料が味わいを深くしていることも間違いないだろう。

お気づきになったと思うが、これだけ多くの調味材料に加えて、マギー（固形のスープの素）が使われている。そして、いよいよ食べる段階になると、小ビン入りのマギーソースがかけられたりする。これは、私の目からすると、現今の嘆かわしい風潮というしかない。固形スープの素も不要に思える。いわんやでき上がった料理に小瓶入りソースをかけるなど邪道に思える。セネガルのテレビでは毎日、何度も何度もアロマ・ソース（味付け用の調味ソース）の広告が流されている。でき上がった各種の料理にふんだんにアロマ・ソースをかけて食事する豊かそうな家庭の人々の絵が流される。モダンで、豊かな生活にはこういった調味料が欠かせないのだといわんばかりである。でき合いのアロマ・ソースなどまったく不要なほど、セネガル料理には調味材料が数々使われていて味を深くしていると思うのだが、外国人の私がとやかく言っても始まらない。

ところで、このスープ・カンジャをいただくとヤシ油のせいで唇なども橙色になる。そして、一般にはホーローで真っ白に塗られた洗面器状容器の内壁部分は、人々の食事が進行するにしたがって橙色の油痕と飯粒、その他で複雑に彩られることになる。一つの容器で多くの人が一緒に食べるという食事に慣れていない場合、その光景はあるいは食欲を減退させるかもしれない。

今から、十年以上も前のことになるが、私がダカール滞在中にアフリカ美術を研究する若い研究者が来訪し、折角だからということでこの美術研究者を私の知人のセネガル人の家庭での昼食に案内したことがある。当時、世田谷美術館の学芸員をしていた川口幸也さんである。川口さんにとってはこの時が初めてのアフリカ訪問であった。私は、前もって知人宅に私の好物料理であるスープ・カンジャを作ってもらうように頼んでおいた。その時の様子は川口さんに強烈な印象を残したようで、川口さんは帰国後、小文を発表し、こう記している。

いよいよ戦闘開始。各自一斉に手と口を始動。まず大胆に魚をむしり(確かに魚も入っていた)、ご飯を混ぜて口に運ぶ。スプーンが口と盥の間をせわしなく往復する。口の中から再び出てきたスプーンの腹には時折噛み残しのご飯つぶと一緒に鮮やかな舌痕が残っている。主人はと見れば太い指で魚を骨ごと掴んで頬ばっている。そしてご丁寧に指の谷間に辛うじて生を永らえたご飯つぶの残りをどろりとした長い舌で拭い取ってさえいる。一息つくと皆不慣れな私を気遣って自分が食べようとした分をこちらに投げよこしてくれる。みるみるうちに私の前には魚、肉、野菜の小山ができた。(……)しかも野菜の中のオクラにちなむと思われるねばねばした粘着性の液体の一部は今や明らかに彼らの唾液に違いない。(……)ええい、もういい。私は腹をくくった。目をつむってとにかく食べてみる。最初の塊が喉元を通り過ぎる時、摩擦音が内耳にはっきりと響いた。大粒の涙がひとしずく涙腺から押し出される。思わずみぞおち付近からこみ上げてくるものあり。で、味は？ これが悪くない。★1

私はといえば大好物をいただいていて、川口さんの様子に注意を払う余裕などない。いつもどおりお腹一杯いただいた。それはともかく、川口さんもスープ・カンジャをおいしいと思っている。結構ではないか。川口さん(現在は国立民族学博物館助教授)はその後、アフリカを何度も訪れ、今やアフリカ料理に関しても歴戦の勇士である。

六―その他の料理

セネガルにはここまでに記したものの他にも多種類の料理がある。それらの料理法を一つずつ詳しく記すと煩雑になる。主だったものを、以下に簡略に紹介しておこう。

まず、落花生ペーストを主材料にした料理があり、マーフェと呼ばれる。これは落花生が主役なのだが、やや意外なことにセネガル起源ではなく、マリ共和国を発祥とするようだ。これも二つ鍋料理である。白いご飯に、肉、玉ねぎなどを炒めたものにピーナツ・ペーストを加えてどろりとしたソースをかけていただく。私がある家庭で見学させていただいたとき、牛肉一キロを炒めるのに四〇〇ccの落花生油が使われた。炒めるというより、油で揚げる感じである。肉が充分に炒まってから、玉ねぎ、ジャガイモなどを加え、仕上がる直前にピーナツ・ペースト一キロを水に溶いてから加えた。ピーナツオイルに加えて、ピーナツ・ペーストだから油の量はやはりとても多い。野菜としては、もちろん人参、キャベツ、ジャハトゥ、マニオクなど好きなものを予算に応じて加えればよい。また、イェット(干した貝)やネテトゥ(味噌)、ニンニク、唐辛子などは必ず加えられるだろう。ここでも、固形のマギー・ブイヨンが加えられたが、まったく余分ではないだろうか。

このマーフェには、マーフェ・ゴンボと称してオクラを加えたものがある。ゴンボとは何語起源かは不明ながら、アフリカの多くの土地でオクラの呼称となっている。スープ・カンジャ(オクラ・スープ)ではオクラに対してカンジャというウオロフ語を用いているのに、マーフェではゴンボというのもおもしろい。オクラの入ったマーフェの方が食べやすく、おいしいと感じる。オクラは新鮮なものを輪切りにし、臼と杵で搗き砕いてから煮汁に加える。すでにスープ・カンジャの説明において述べたが、鍋の中に大量に浮く灰汁はとらない。そして、プロパン・ガスの火力調節はやはりほとんどおこなわれなかった。常に、強火のままである。

鶏と玉ねぎを主材料に、ご飯と一緒に食べられるプレ・ヤッサもセネガルの有名料理の一つだが、これは実はアフリカの広い地域で食べられている料理と言えるだろう。要するに、大きくぶつ切りにした鶏肉を容器に入れ、その上に細切りにした玉ねぎをたくさんのせ、レモン(ライム)汁、塩、コショウなどで味付けし、三〇分ほど置く。フランス料理でいうマリネするわけだ。その後、鶏肉を取り出し、できれば炭火で少し焼く。鍋に油を熱し、そこにマリネした玉ねぎ、鶏肉を入れて炒め、水をごく少量加えて煮る。出来上がると、白いご飯と一緒に食べる。このような料理法、食べ方はアフリカの各地で見られると思う。プレ・ヤッサのひとつの特色はライム(レモン)汁をたくさん使うことで、もちろん各家庭の好みによるのだろうが、一般に相当に酸味がある。すっぱさと玉ねぎの甘みの調和がおいしさを演じる料理だと思う。ソース分が少ない料理であり、食べる人の数が多いとそれだけ多くの鶏肉が必要であるからかなりの予算を必要とする。

ドモダという料理がある。何語を起源としているのか不明である。ヨーロッパ起源の料理ではないかと言われる。肉、魚、各種の野菜を炒めて後、水を加えて煮、それに水で溶いた小麦粉を加えてソースにする。いわば、カレー粉の入っていないカレーライスの観がある。トマトを相当量加えるので、ソースは赤くなる。これを白いご飯にかけて食べる。ソースに小麦粉を用いるところにヨーロッパ起源だという説に一つの根拠が見られる。

もう一つ、チューと呼ばれる料理を挙げておこう。魚、野菜にトマトペーストを用いるという意味でチェブ・ジェンに似ているのだが、違いはこちらは二つ鍋料理であることで、別鍋で炊いた白いご飯にかけて食べる。また、使われる油の量もチェブ・ジェンの場合よりずっと少なく、チェブ・ジェンに比べてやや「貧しい」料理として位置づけられている観がある。

七──ジョロフ・ライス

セネガルでの米料理について述べてきたが、最後にいわゆるジョロフ・ライスと称されるものについて述べておかねばならない。リブリオ出版から公刊されている『シリーズ世界の食生活』の第九巻としてアフリカが取り上げられている。この本は漢字にルビがふってあり、文章も簡潔であることを見ると子供向けの本という体裁であるが、要点をしっかりとおさえた好著である。その中でジョロフ・ライスに触れて、「西アフリカの一部では、特別の行事のときにはジョロフごはんを作ります」と記され、その作り方が丁寧に紹介されている。鶏肉、牛肉を小さく切り、塩、コショウ、ニンニクで下味をつけた後、鍋に油を入れて炒める。そこに玉ねぎを加え炒め、トマトとトマトピュレーを加える。それに水を加えて沸騰したところで、食べやすい大きさに切ったキャベツ、ナス、人参などの野菜を入れて煮る。これらが煮えたところで、一度、取り出し、その煮汁で米を炊く。炊き上がったご飯を容器によそって、その上に肉、野菜などを置いていただくというものである。★2

この説明を見ると、先に詳しく述べたチェブ・ジェン(魚ご飯)にとてもよく似ており、魚の代わりに肉が使われていることがお分かりであろう。つまり、セネガルで言うところのチェブ・ヤップ(肉ご飯)のことだと言ってもよいのである。

さて、日本に駐在するアフリカや中近東諸国の大使夫人やアフリカ文化に関心の深い日本人夫人を中心にして「日本中近東アフリカ婦人会」というものが組織されており、この組織からこれまでに二冊の料理レシピ集が出版されている。「African and Arab Cooking」[1991]、「New African and Arab Cooking」[2001]と、英語でのタイトルになっているが、内容は英語での記述と同時に日本語にも翻訳されている。その初めの巻において、ジョロフ・ライスがナイジェリアの料理として紹介されているのである。ここではまず肉を茹でてから油で揚げるとなっている。この肉の茹で汁に米を入れ、そしてトマトピュレーや野菜を加えて炊き上げるというものである。肉は牛肉でも羊肉でも鶏肉でもよい。初めに肉を茹でる工程はあるものの、セネガルでのチェブ・ヤップ(肉ご飯)そっくりである。ところで、このジョロフ・ライスはアメリカ合衆国のいろんな地域で知られており、アメリカ人が好む近しい友人などを招いておこなうパーティなど戸外での立食に際してよく食べられている。そこでもやはりジョロフ・ライスという呼び名は同じなのだ。

これで問題は明確になった。ジョロフ・ライスという呼称のジョロフとは一体何なのか。何に起源する言葉なのか。前もって結論を言ってしまうと、ジョロフとはセネガルにかつて存在した古王国の名称なのである。これまでセネガルの料理について記述する中で何度かその名称を記したが、セネガルにはウオロフと自称する民族がいる。セネガルの諸民族中、最も多くの人口を擁し、ダカールをはじめとした都市部に暮らす人が多いこともあって、セネガルの主要民族といって誤りではない人々である。例えばウオロフ語はセネガルのほとんどの地で理解される言語になっている。ウオロフ人たちは古来、現セネガル地域でいくつかの王国を形成していたが、最初に創られた王国がジョロフであり、それが後に分裂して幾つかの王国に分かれていったのである。つまり、ジョロフとは現在のウオロフ人が自分たちの祖先が「起源」した土地の名として愛着を込めて口にするものなのだ。

西アフリカの幾つかの土地で、そしてまたアメリカ合衆国でジョロフ・ライスと称されている米料理はもともとは「(セネガルの)ウオロフ人たちが好んで食べる料理」というほどの意味を伴って各地に伝播していったものなのだ。

セネガルを起源地とするジョロフ・ライス(=チェブ・ヤップ・肉ご飯)がナイジェリアをはじめとする西アフリカの幾つかの土地、そしてアメリカ合衆国にまでどのような経路をたどって伝播したのか、はっきりしたことは言えない。想像するに、多分、一九世紀の後半、表向きは禁止されていた奴隷交易にも関わらず、実際には続けられていた密輸によって、セネガル地域からアメリカ合衆国に送られたウオロフ人奴隷がまずアメリカで作り始め、それが白人の間で受け入れられた。その後、二〇世紀になってからアメリカに渡ったナイジェリア人が作り方を学んで帰国した、あるいはアメリカから帰還したアフリカ系人がナイジェリアなどで作り方を教えたといったことが考えられる。肉とトマトを基本の味にした米料理として多くの人に好まれる許容度の高い料理であることも、ジョロフ・ライスが広く受け入れられた事実に関わっているだろう。

これでチェブ・ジェン(赤い魚ご飯)、チェブ・ジェン・ブラン(白いチェブ・ジェン)、チェブ・ヤップ(肉ご飯)、スープ・カンジャ(オクラとヤシ油のソース)、マーフェ(ピーナツソース)、プレ・ヤッサ(鶏肉と玉ねぎ)、ドモダ、チューと記してきた。セネガル料理といえばチェブ・ジェンの印象があまりに強いために、「一つ鍋」料理がセネガルではより一般的なのかと思われるが、こうして八つの料理を並べてみると一つ鍋料理が三種、二つ鍋料理が五種である。二つ鍋料理、つまり白いご飯に何らかのソースをかけて食べるという料理の方が数では優勢なのだ。しかし、これらの二つ鍋料理のうちスープ・カンジャはギニア起源、マーフェはマリ起源、ドモダはヨーロッパからの導入、プレ・ヤッサはアフリカの他の地域でも多く見られるものである。いずれの料理も各々独自のおいしさがあることは間違いないが、セネガル人がチェブ・ジェンをあれほどまでに誇りにするのは、それが一つ鍋料理であること、そこにセネガル独自の特色が現れていることに関連しているのかもしれない。実際のところ、二つ鍋料理は現地で「ニャーリ・チン」(鍋二つ)とわざわざ言われるのに対し、一つ鍋料理については特に「ベンナ・チン」(鍋一つ)と言うことはほとんどない。鍋が二つ必要な料理に対して、まずニャーリ・チン(鍋二つ)という表現が生まれ、その後からニャーリ・チンに対比的にベンナ・チンという表現が生まれたと考えられる。つまり、セネガルでは料理はもともと一つ鍋でするものが主であったというのが私の推論である。そして、一つ鍋でできるおいしい料理をセネガル人はかくも誇りにしているのだ。

また、主食としては何といっても米が重要であることがよく分かる。しかも、その米はすでに詳しく記したとおり、粒が細かく割られている破砕米なのだ。やや、わき道に逸れるが、ダカールにある数少ない書店に行くと、観光客向けに作られたと思われるセネガル料理レシピの本を売っている。その本では各種の米料理などが写真入りで紹介されているのだが、写真に写っている米(ご飯)をみると、破砕米ではなく全粒米であることが分かるのである。この種の本に興味を示す外国人は主にヨーロッパ人であると想定して、全粒米の写真を載せているのだろうが、セネガル料理の特色を示すのなら、破砕米の写真を堂々と使えばいいのにと思われる。

もう一つ、セネガルでのマニオクについて記しておきたい。マニオクは地域によってはキャッサバ、さらにブラジルなどではマンジョーカという呼称でも知られる根茎食物だが、アフリカの広い地域で主食として食べられている。そのことについては先の章で詳しく記した。コンゴでは都市の労働者の食事として広く受け入れられていること、そのことが都市周辺に暮らす多くの女性にとって重要な収入源になっていること、またコートディヴォアールの南部沿岸地域ではマニオクは大変に手の込んだ工程を経てアチェケと呼ばれる食品に加工され、好まれていることも記した。

ここで言いたいのはセネガルでもマニオクは食べられてはいるものの、主食としてではなく、おかず野菜としてであることだ。おかずとしてであるから、食べられる量は決して多くはない。ぶつ切りにし、皮を剝き、煮たものがご飯の上にのっている程度である。マニオクは煮てもかなり固い。生のものは当然もっと固い。人々はマニオクは男性機能増進に大変よろしいという。それも、煮たマニオクよりも生のマニオクがいいのだといって、神妙な顔をして生の固いマニオクを齧る紳士を見ることもある。マニオクの形、固さに直接結びついた分かりやすい連想なのであろう。この事実などを通しても、セネガルでのマニオクは主食としてあるのではないことが了解される。主食として毎日、たくさん食べている地域の人々にはこのようなありがたい効果を信じているヒマはないだろう。また、セネガルでのマニオクが生で食されることもあるという事実に顕れているが、セネガルで栽培されているマニオクは無毒のものであり、有毒のものは少なくとも私は見たことがない。

八―米の炊き方について

これまで「一つ鍋料理」、「二つ鍋料理」という現地風の分類にしたがっていくつかのセネガル料理を紹介してきた。一つ鍋料理の場合は米を具を煮ている汁の中に投じて炊き上げる。いわば炊き込みご飯風になるのに対し、二つ鍋料理では具入りソースを作る鍋とは別に白いご飯を炊く鍋が必要になる。いずれの場合も、ご飯そのものの炊き方は基本的には同じであることに気付かれたと思う。まず、はじめに蒸してから炊くのである。セネガルでの米の炊き方について、日本での一般的な米の炊き方を比較材料に考えてみよう。

日本では、米を水で研いでから二時間ぐらい後に炊き始めるのが一般的かと思う。水に漬けた二時間ほどの間に米に水が浸透し、半透明であった米粒は白くなる。これをしないで、いきなり炊き始めるといわゆる芯のあるご飯になる。(電気釜の場合は、実際に炊き始める前に米粒に浸水させるための過程がプログラム化されている。)

チェブ・ジェンとスープ・カンジャという二つの料理法を時間を追って詳しく記したのは、米の炊き方にも注意が必要であることを分かっていただくためであった。セネガルではどのような料理をする場合でも、まず具やソースとなるものを先に作り始め、米を炊くのはむしろ料理の後半に至ってであった。その時になって、初めて米を水洗いする。そして、水洗いするとすぐに金属製の甑《こしき》を使って蒸すのである。つまり、日本では研いで、その後一、二時間水に浸けておくことで米粒に水分を浸透させるのだが、セネガルでは蒸すことによって短時間のうちに強制的に米粒に水分を浸みこませることになる。一つ鍋料理の場合、煮汁を煮ている鍋の上で直接蒸し、蒸しあがったところで煮汁の中に入れる。二つ鍋料理の場合は、ソースを作っている鍋とは別の大鍋でまず湯を沸かし、そこで蒸し、蒸しあがるとその湯の中に入れて炊き上げる。セネガル人にとっての米の炊き方はこれが標準である。料理の最終段階に至って、初めて水洗いし、蒸して後、炊き上げる。米のこのような炊き方は世界の他の地域でもよく見られるものなのだろうか。

日本民俗学の重鎮であった瀬川清子氏の著作『食生活の歴史』によると、米の「炊き方」としてはまず鍋釜で煮たものと、甑で蒸したものとに大別できるが、時代的には甑で蒸すやり方の方が古いという。（炊くというのは、本来湯の中で煮ることだけを意味するのであり、蒸すことは意味していないから、米の炊き方と記すのは正確ではないのでカッコ内に入れている。）モチ米は蒸しただけでも食べられるが、粳米《うるち》は蒸しただけではばらばらして喉を通らない。鍋釜で煮る炊き方としては「炊き干し」と「湯取り」という二通りがある。炊き干し法は、一定量の水の中で米を煮て、水分を蒸発させるやり方であり、湯取り法は余分の煮汁を取り出してしまう方法である。いわゆる「おねば」というか、糊状の濃い湯を捨てることになる。この「おねば」は滋養分の多い部分だそうで、それを捨てるのは不合理といえば不合理である。朝鮮、中国、ミャンマー（ビルマ）などでは湯取りに煮た炊き方をするという。★3

一方、中尾佐助氏の著書『料理の起源』を見ると、米の炊き方としてもっと多くの方法が記されており、炊き干し法、湯取り法の他に湯立て、三度飯といった方法がある。（三度飯がどのような方法なのか記述はない。）湯立て法は沸かした湯に米を入れて炊くやり方である。日本での一般的な炊き方、つまり炊き干し法はもとはお粥から出発したらしい。それが固粥《かたがゆ》として現在の炊き干し法につながっている。

中尾氏のこの著書の中に紹介されている米の炊き方で、あるいはこれが最もセネガルでの炊き方に近いのではないかと思われるものがある。ジャワ島からバリ島におよぶ地域で見られるというもので、ざる取り法と記されている。水洗いした白米を円錐形の竹ざるに入れ、ざるごと深鍋の底に水を入れたのに重ねて入れる。ざるの縁は鍋の縁の上に乗っかっている。そのざるの上に竹製の蓋をして鍋を火にかけて蒸す。蒸すといっても、水の底が盛んに煮立っている時は泡が竹ざるの中に入り込み、純粋に蒸すときとは異なり、煮ると蒸すの両方が関与しているというのである。[★4] いわば、セネガルでの炊き方に見られた蒸すと煮るの二工程をいちどきにしているわけだ。いずれにしても、セネガルでの炊き方はめずらしい部類に属する。しかし、蒸す工程の代わりに、日本でのように米をあらかじめ水洗いし、そのまましばらく置いておくことで米粒に浸水させ、その後で炊けば蒸す工程は不要ということになる。その方が手間も燃料も節約できるはずだと思うが、これも外国人の勝手な思いだろう。蒸す方法は、先の章で詳しく見たとおり、セネガルでの伝統的な食事、つまり雑穀をベースにしたクスクス料理においては欠かせない、しかも他の方法ではできないやり方であり、そこでの技法が受け継がれていると考えるべきではないだろうか。

◉註

★1―川口幸也「アフリカの家庭料理」『小説新潮』七月号、一九九二年、一〇七ページ。

★2―マーチン・ギブリル『シリーズ世界の食生活 ⑨アフリカ』(横山美智子訳)、リブリオ出版、一九九一年。

★3―瀬川清子『食生活の歴史』、講談社、一九六八年、五三―五四ページ。

★4―中尾佐助『料理の起源』、NHKブックス、日本放送出版協会、一九七二年、一七―一八ページ。

第五章——セネガルの食の周辺

この章では、これまでに述べてきたセネガルでの料理に関して、周辺的ではあるものの、興味ある特記事項のいくつかについて少し詳しく述べてみたい。包丁での切り方、料理の道具である鍋とこん炉、煮炊きに必要な木炭、そして外食のことなどに触れたい。

まず、料理の仕方を記した前の章の中で何度か言及した、ものの切り方、包丁の使い方、そのことから始めよう。セネガルではまな板は使わず、人はものを宙で切るのである。

一――ものの切り方

「まな板」は俎、俎板、真名板などとも書くが、もとは真魚板と書いたのだそうだ。つまり、「魚を料理するのに用いる板」が原義である。セネガルの一般家庭にはまな板はない。市場の魚屋のそばに小店を構え、魚のうろこや内臓を取り除いたりしてくれる婦人は太い木の幹を輪切りにしたようなまな板というか「まな台」を使っており、魚をさばくのには板なり、台なりが必需であることが分かる。セネガルでは市場の肉売り場のおじさんもこの種のまな台を使っている。(ついでながら、魚関係の売り場には女性が多いが、肉屋は男性のみである。牛の骨などを叩き切るのに強い力がいるせいだろうか。あるいは、魚と女性、動物の肉と男性との間に何らかの象徴的なつながりがあると考える方がより妥当であろうか。考えるべき問題があるように思う。)

もの本によると、肉料理が基本であった西洋でもまな板は発達しなかったという。実際、私の見聞でもフランス人の家庭ではまな板をもたないところがおおい。チーズを切るための小さな木の板があるぐらいである。まな板は中国、韓国、日本などで一般的に見られ、そのうちでも日本は特にまな板を大事にするという。確かに、料理人による切り方の中には芸術の域に高められたものがあり、感嘆させられる。それに、野菜などの切り方には実に驚くほど多種類あり、それらにいちいち名前がついているのにも驚く。私のような素人でもぶつ切り、さいの目切り、千切り、みじん切りぐらいは知っているから、切り方の多様性は普通人の日常性の領域に生きている。ちなみに、今ここに記した切り方はまな板がないとやりにくい。

セネガルでの料理には人参、ナス、キャベツ、カブ、大根などの野菜はいずれも大きく、ざっくりと切っ

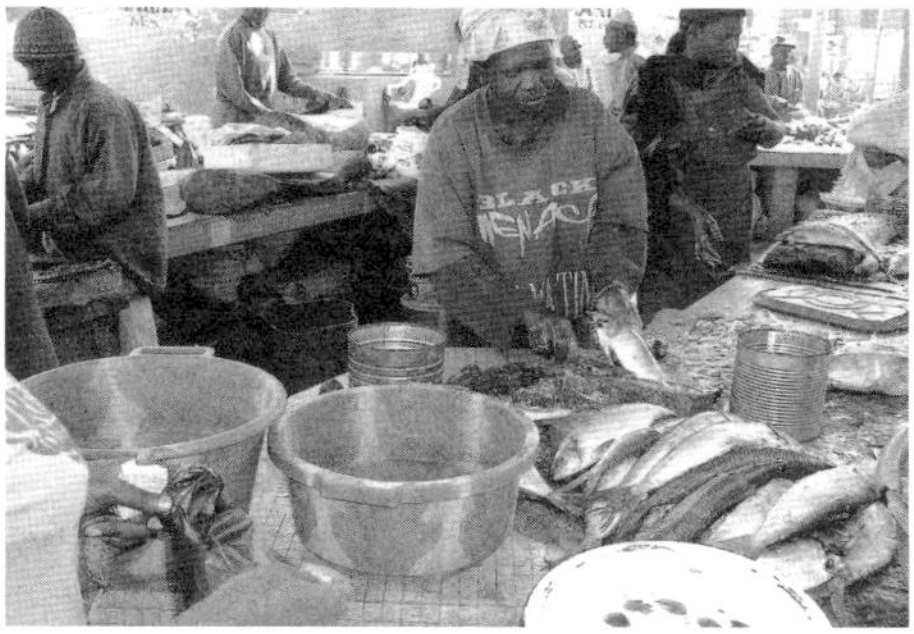

市場で見るまな板
上／市場の魚屋さん。魚の内臓を出したりするのにまな板は必需品である。
下／肉屋さん。肉屋さんでもまな板は必需品である。

てあると記した。人参や大根などはせいぜい半割りに切るぐらいである。ナスもそうだ。縦に半割りに切る。キャベツは大きなリンゴほどの大きさなのだが、これも丸玉を半切りか、四分の一切り程度である。人参やナスなどをまな板を使わずに半切りにするのは別に難しくはない。キャベツはどうか。キャベツについては、市場ですでに半切り、ないし四分の一に切って売っている。丸玉を買った場合でも、左手を上手に使って、まな板なしで宙で切る。要するに、ものは宙で切る、これが原則なのだ。

スープ・カンジャには大量のオクラを薄く輪切りにした上で、それを搗き砕いて使うことを記した。オク

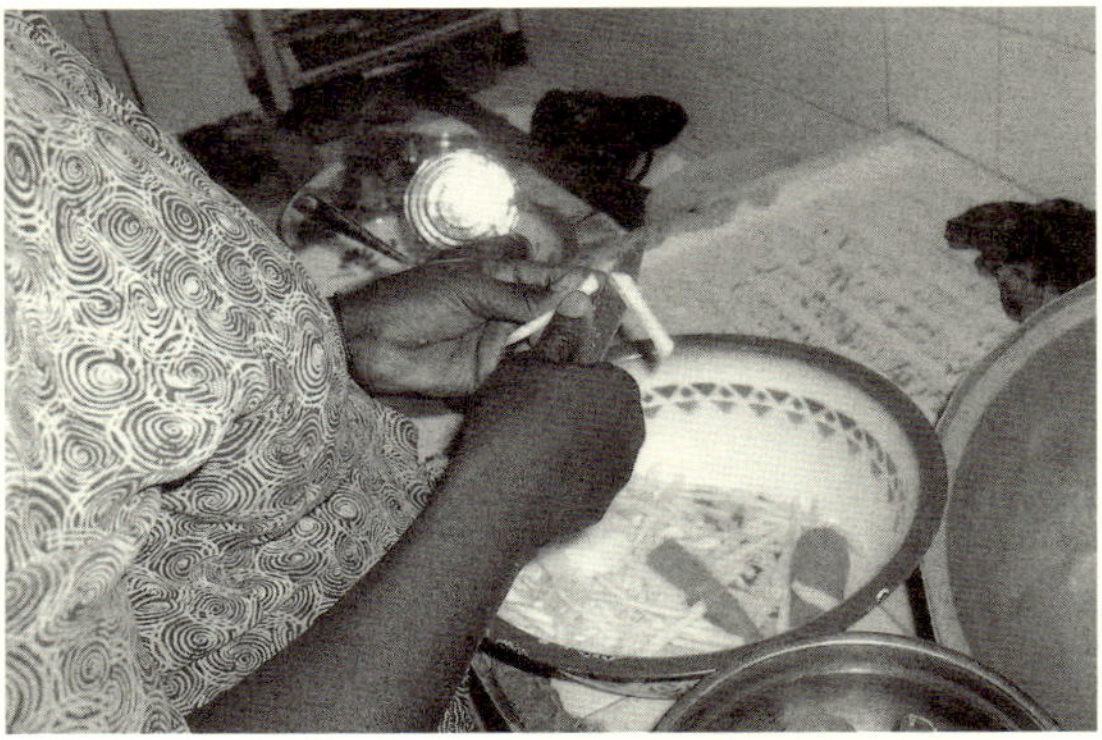

ものの切り方
セネガルの一般家庭にはまな板というものはない。ものは何でも宙で切る。

ラの薄い輪切りはどうするのか。左手親指でオクラを一本ずつ支え、そこにナイフを当てて薄く切っていく。親指の腹がまな板代わりになるわけだ。そうするとナイフはあまりによく切れるものではない方が良い。切れすぎるナイフは危ない。それも関係しているかと思うが、セネガルの家庭では特に台所用の包丁というものはないといってよい。要するに何にでも使うナイフが使われる。オクラの薄輪切りの場合、とにかく一本ずつ切ることになるから、一キロのオクラを薄く輪切りにするとなると、これだけでも時間が相当にかかる。こういった作業を若いメイドさんなどがするわけである。玉ねぎのみじん切りも宙でするのである。

料理に際して包丁、まな板が重要性を持たないセネガルでの必需道具はすでにお気づきと思うが、臼と杵なのだ。搗き、砕く。臼と杵はどんな家庭にもある。小型のものは台所で調味料、香味野菜などを搗くのに使う。現今、ダカールなど都会では数階建てのアパートなどに暮らす人も多い。料理の時間が近くなると、上の階からドンドンという音が響く。臼で搗いているのである。地方部にいけば、もっと大型の臼と杵が雑穀などの脱穀、粉末化にどうしても必要なのだ。臼と杵でものを小さく砕く、これは何もセネガルに限ったことではなく、アフリカのほとんどどこにでも共通している。そして、このことが第一章で詳しく述べたアフリカでの食事の特色の一つ、「飲む」ことに深く関連していることは第一章で詳述したとおりだ。

二――鍋とこん炉について

臼と杵同様、鍋、そしてこん炉も必需品である。鍋から述べよう。ごく薄手のアルミで作られた中国製の大小の鍋も市場には売られている。しかし、これらの鍋はセネガルではあまり役に立たない。せいぜいのところ、野菜を洗うときのボール代わりに使われるぐらいだ。鍋は厚手の頑丈なものでなければならないのだ。

地方の村落部に行けばすぐ目にできるが、村での料理は戸外でするものである。地面の上で火を燃やし、三個の石を支えに鍋をのせる。都会の家には台所があるところが多いが、流しがあるだけだ。中流以上の家庭には水道が来ているのが普通だが、貧しい人が多く住む地区では各家庭には水道などなく、戸外の共同水栓が利用されている。鍋は煮炊きが終わると洗わなければならない。地面に置き、わら縄などをタワシにして力を入れて洗う。重いからドンと地面に置き、回しながら力を入れてこする。薄手のやわな鍋ではとてももたないのだ。アルミ製の、厚さは五ミリほどもある厚手の鍋こそ有用なのだ。そして、この鍋は現地産なのである。

ダカール市内には生き馬の目を抜く繁華街がある一方で、貧困層の人々が数多く暮らす掘っ立て小屋が密集した地域がいくつもある。言ってしまえばスラムということなのだが、スラムという言葉にはある種のマイナスの価値判断が込められているようで個人的には用いたくない。

確かに、ダカール人の間でもこれらの街区が「犯罪の巣窟」呼ばわりされたりすることもあるが、実はそういった街区で驚くほど工夫に満ち、豊かな人間関係に裏打ちされた活動が営まれていたりする。また、そこに足を踏み入れてみるとすぐに分かるのだが、そういった街区の中でこそ外からは文字通り窺い知ることのできない、濃密でかつ親密な人間間の相互依存、相互扶助的な行為が日常的になされている。ものの貸し借り、食べ物のやり取りがごく普通におこなわれている。そうやって助け合わなければ、都会の中の貧しい一角と称される地域での生活は難しいのも確かだろう。その一方で、この助け合いの中から新しい生活技術、人々のネットワークが生まれもするのだ。

鍋やこん炉もこういった地域の中で作られている。ダカール中心部に近い一角にあるR地区を私は訪ねたのだが、その地区だけで計一三の鍋作り場があるということであった（一九九五年時）。仕事場は廃材とトタンを組み合わせ、どうにか雨風を防ぐようになっているが、内部は四メートル四方、狭い路地を挟んで向かい側は庇の下に鉄くず、自動車部品廃材などが積まれている。

鍋作りを図式的に述べると、自動車のエンジン部、ピストン・カバーなどアルミでできているものを取り出し、木炭を使った小さな炉で溶かし、これを土で作った鋳型に流し込んで鍋に仕上げる。鍋は小型のもので厚みは三ミリほど、大型のものは厚み五ミリほどになる。鋳型としては凸型と凹型のものが必要で、この凸と凹の型の間にできる隙間にアルミを流し込むわけだ。凸の鋳型、凹の鋳型、両方を正確に作り、それを狂いなく重ね、そこにできた隙間に充分に熱せられて溶けたアルミを一気に流し込まねばならない。流し込みの時に躊躇したりすると、アルミは鋳型全体に行き渡る前に冷えて固まり、鍋にはならない。それらの作業がわずか四メートル四方の狭い作業場の中でおこなわれる。製法の過程は図を用いて説明するのがもっとも分かりやすいのだが、ここでそうするわけにもいかない。写真数葉を示すので、それによって製造の現場を想像していただきたい。

この仕事場の主Fさんは四人の作業員を雇っている。もっとも若い人は、一五歳ぐらいであるが、六〇歳を超えている人もいる。彼らには、毎日、一定額（四人で八〇〇〇フラン＝約一六〇〇円相当、一人当たり約四〇〇円）が支払われており、したがって彼らは給料なしの徒弟というより従業員と規定した方がいいだろう。年少の

自動車エンジン部が鍋になる
上／この小路に鍋造り工房がある。
自動車エンジンなどを解体し、アルミ部品を取り出す。
左上／土造りの凸の鋳型に凹の鋳型をかぶせる。
凸と凹の鋳型の間の数ミリの隙間に溶かしたアルミを流し込む。
左下／溶かしたアルミを鋳型にいっきに流し込む。
躊躇したりすると、アルミは全体に行き渡る前に固まり、鍋にはならない。

作業員はアルミを溶かす炉へ風を送るふいごを回すのが主作業であり、高齢の作業員はできあがった鍋をヤスリで磨くなどの軽作業を担当する。

鍋は三〇リットル入りの大鍋から、一五リットル、一〇リットル、五リットル、三リットル入りなどが作られ、一日の作業で大鍋の場合は午前中に二個、昼食をとった後に一個を作るのがやっとである。三リットル入りの小鍋の場合は、鍋自体が小さいので狭い仕事場内に一度に五つほどの鋳型を設置することができ、一日で一〇個以上を作る。大鍋を作るには一個で自動車アルミ部品で三〇キロほどもが必要になる。調査をした時点(一九九五年)で、原材料のアルミは一キロあたり五〇フラン(約一〇〇円)で購入されていた。できあがった大鍋は、販売人を通さずに直接、お客に売る場合には一個二万五〇〇〇フラン(約五〇〇〇円)で、販売人に卸す場合は一万七五〇〇フラン(約三五〇〇円)で売られている。アルミの購入費と販売価格を比べてみればすぐに分かるが、大鍋製作で得られる利益は実に小額である。

鍋製作のためには、燃料の木炭と同時に、アルミを溶かす器となる溶炉が必要である。この溶炉は別の業者が作っている。Fさんの仕事場から徒歩で二〇分ほどの別の下町にその業者は住んでおり、毎日、年少の作業員がそこまで溶炉を買いに行っている。溶炉はドラム缶の蓋と底の部分を切り取り、それを大金槌で叩いて窪ませて作る。しかし、溶炉として使うと高熱のためにすぐにボロボロの状態になり、毎日新しいものに換える必要があるのだ。溶炉製造業者は毎日三〇個ほどを作っている。一個三〇〇フラン(約六〇円)で売る。

さて、この溶炉作りに必要なドラム缶はドラム缶取り扱い業者から仕入れられるのだが、買い取られるのではない。ドラム缶業者はダカール港に入港する船からドラム缶を仕入れる。これを溶炉製造業者に渡すと、この溶炉製造業者は自分に必要な蓋部、底部を切り離し、胴部(広げて一枚の鉄板状になる)をドラム缶業者に返すのである。(蓋は最初から切り離されているが、縁の固い部分を切り取らなければならない。)ドラム缶業者はこの鉄板を今度はこん炉製造業者などに売るのである。溶炉製造業者はドラム缶の底部を切り離す作業を無料でする代わりに、切り取った底、蓋を無料で手にする、そういう仕組みになっている。

他方、鍋の原材料であるアルミは鍋製造業者が自動車修理場などを回って集めることもあるが、多くはアルミ部品取り扱い専門の業者から買い取っている。この業者は中古自動車部品販売業者とつながっている。

さらに、できあがった鍋を売る業者がいる。Fさんに言わせると、もっとも労力が少なくて、しかももっとも多くの利益を手にするのは鍋販売業者だということになる。鍋を道路端に積み上げ、あとはお客を待っ

大鍋はよく使われている
上/子供の命名式など、家庭での催しごとに際しても大鍋が使われる。かき混ぜるための「お玉」も特大である。
下/セネガルのムリッド教団の催事で、多くの人のために料理がなされている。

ていさえすればよい。販売業者などに回さず、鍋製造業者みずからが売ればいいではないかと思われようが、鍋製造の仕事場があるところは狭く、できあがった鍋をストックする場所などあるわけではない。販売業者に回すほかはないのである。

三〇リットル入りの大鍋といえば日本では学校給食に使うような大きな鍋だ。セネガルではこんな大きな鍋を一般の家庭で使っているのだろうか。この種の大鍋を所有することはセネガル人にとって、ひとつのステイタス・シンボルになっているようである。大鍋は結婚式、子供の命名式など多くの人が集まる儀礼に際して使用されることになる。儀礼自体は各家庭で年に数回あるかないか、つまり大鍋を使用する機会は年に数回程度でしかない。しかし、大鍋を他人から借りるのはメンツに関わることと言う。実際には、頻繁に貸し借りがおこなわれているのだが、大鍋を所有すること自体に社会的な意味が付与されている。

セネガルの家庭では、大鍋であるか、小鍋であるかを問わず、このアルミ製の鍋こそが日々使われているのだ。そして、そのアルミ鍋はここに記したとおり、アルミ部品卸業者、自動車中古部品取り扱い業者、自動車修理業者、ドラム缶取り扱い業者、アルミを溶かす溶炉製造業者、こん炉等製造業者、鍋の販売業者などいろいろな業者を結びつけるネットワークが形成された中で生まれ、作られ、販売されているのである。自動車やドラム缶という主に先進諸国からの輸入製品の廃品がいくつもの再加工業者のネットワークを通して換骨奪胎され、セネガル人の日常を支える必需品である鍋に形を変えている。

鍋を論じた後は、当然、こん炉が必要になる。こん炉は焜炉と書くが、かつて日本では七輪（しちりん）と称して、普通は土製のものが使われていた。これは今でも探せば手に入る。セネガルのこん炉は鉄製で、これが先に記した廃ドラム缶の胴部を広げた鉄板から作られるのである。

製造業者の仕事場は貧困層の人々が多く住む地域の中にある。仕事場のすぐそばに切り取られていよいよ捨てるしかなくなった鉄板屑が山をなしている。鉄板の切り屑などを捨てていき、それがだんだんに山と積み上げられたということなのだろうが、どうすればこんなに高いところまで積み上げられるのかというほどの高さの山になっている。人の背丈の三倍から四倍ほどある。それがいわば掘っ立て小屋が立ち並んだ間の路地横の空き地に場を占めているのである。

作業場では、もう一つ驚いたことがある。鉄板を切り、叩き、組み合わせてこん炉類を作る。溶接などはしない。すべての工程を大きなハンマーで叩くことでおこなう。大きな鉄床《かなとこ》の上に、鉄板を置き、大きなハンマーを力任せに打ち下ろし、切り、二枚を重ね叩いて組み合わせ、細工する。それはもう耳をつんざくほどの大音響の中での仕事である。

その場に、近くに住む若い女性が赤ん坊を背中に負ぶって見ていたのだが、その赤ん坊はこの大音響の中でまことにすやすやと眠っていたのである。毎日、朝から多分夕方までリズミカルに繰り返される大音響の中で暮らしていると、音も気にならずに眠れるということか。正直なところ、非常に驚いたものだ。

ここで作られるこん炉は、普及型のものはフルノー・マルガシュ(マダガスカル式こん炉)と呼ばれている。セネガルで都市といわず、地方部といわず、もっとも一般に普及しているものである。「マダガスカル式」と特定の国名がついているのには根拠があるはずだが、未解明であり、ご教示いただければありがたい。これは一〇〇〇フラン(約二〇〇円)で売られているが、一日に六個程度できるという。それほど大きな利益が出るわけではない。こういったこん炉は、木炭を使っての煮炊き用に使われる。セネガルでタバスキと言われるイスラム教最大の祝日が近くなるとよく売れるという。タバスキにおいては羊が犠牲として屠《ほふ》られるのだが、多くの家庭では肉、肝臓などを炙《あぶ》り肉にして食べる。普通は食べることの出来ない炙り肉を祭事においていただくわけだ。普通の料理にはプロパン・ガスが少しずつ使われるようになったとはいえ、肉を焼くときは木炭とこん炉がなければできないのだ。

「マダガスカル式こん炉」は都市であるダカールの住民の間でもごく普通に用いられている。つまり、現在に至るもプロパン・ガスで調理する人々は少数派でしかない。実に多くの人が、いまだに木炭に頼って煮炊きをしているのである。マダガスカル式こん炉は、その単純な構造からして火のついた木炭の上に直接鍋が置かれることになる。火力が外に逃げないようにカバーするものはないから、熱効率はとても悪いはずだ。多くの人が、この種の木炭こん炉に頼って料理をするというのは、サヘルという半乾燥のサバンナ地帯に存するセネガルにとって、結果的に大きな負荷を環境に与えることになるのではないか。

プロパン・ガス器具は購入時に五〇〇〇フラン(約一〇〇〇円)かかり、五キロのガス・ボンベ(一五〇〇フラン)を月に二個使うとしてガス代は月三〇〇〇フラン(約六〇〇円)である。木炭を使う人は、毎日、必要量を買っているが、その代金は日々一〇〇フラン(約二〇円)ほどになるという。そうすると、ひと月には三〇〇〇フランになるからガス代とほぼ同じなのだが、先行投資としてプロパン・ガス器具の購入費五〇〇〇フランが必要ということになる。大方の人々にとってはこの五〇〇〇フラン(約一〇〇〇円)が支出できないのだ。ここら辺がセネガルだけではなく多くのアフリカ諸国が抱えている問題なのだ。つまり、多くの人々はその日その日を生きる金額を手にして暮らしており、まとまった金額を何かのために投資することが困難だという状況で生きている。プロパン・ガス器具を購入すれば、多分、長期的にはより経済的であろうことが分かっていても、まずガス器具を買うお金を工面できない。そのことが、国全体として見ると環境への負荷の大きさという結果として返ってくる。

木炭を使ったこん炉ではあるが、いわゆる改良型、つまり熱効率をよくし、したがって木炭の使用量を減らす工夫をしたものも売られている。セネガルでは「フルノー・ジャンバール」（勇士こん炉）と呼ばれている。戦争などで武勇をたてる戦士にたとえているわけだ。しかし、こん炉製造業者の仕事場兼販売所などで見本として置いてあるのを目にすることはあるものの、それを実際に使っている家庭を見たことはない。この改良型こん炉も先行投資として五〇〇〇フランが必要なのだ。

三―木炭

　セネガルはサハラ砂漠の南縁に接し、国土の大半が半乾燥地域に属する国である。木材は豊かではない。しかし、中部、南部地域では木炭が生産されている。セネガルでの木炭製法を知りたく、私は二〇〇三年、短期の滞在中にある村で木炭作りをしてもらった。この村では今や日常的に木炭を作るというわけではないが、それでも必要に応じて作っているとのことだった。セネガルでの木炭製造法について、写真数葉に基づいて説明を加えていこう。

　木炭の材料になる木はマンゴーの木である。マンゴーの木は植えてから四年ほどで実をつけ始める。その後、五〇年ほども実をつけるという。実をつけ始めてから五年たつと枝切り（剪定）が可能になる。剪定する方が木を強くする上でよいという。五年ごとに剪定をする。こうして、切られた枝が木炭製造用に使われる。マンゴー樹をたくさん持っていれば、木炭製造用に事欠くことはないというが、実際には日常の用に間に合うほどの木炭を作ることはとてもできないと思われる。

　セネガルの木炭製造では炭焼き用の窯は使われていない。だから、適当な空き地さえあればできる。地面にいきなり木を置いてゆき、積み重ねた上から全体を土で覆い、火を入れるという方法である。伏木法と呼ばれる。次ページの写真と説明文を参照していただきたい。

木炭の製法

右上／中心に棒をたてておいて、
その周りに木炭になる木を円形に積み重ねる。
材料の木はマンゴー樹。
右下／木を十分に積み重ねると、
その上から燃えやすい枯れ草などをのせる。
左上／その後、生木をのせて、
さらにその上に水で濡らした土をかぶせ、
中心部の穴から火をつけた紙やぼろきれなどを入れると、
くすぶり始める。
左下／四日ほど放置してくすぶり続けさせておき、
できた炭をとりだす。

四――外食について

これはセネガルに限ったことではなく、むしろアフリカ全般について言えることに違いないが、外食産業はさほど発達しているとは言えない。地方の農村部に行けばことにそうである。食事はそれぞれの人がそれぞれの家庭でとるものなのだ。とは言っても、街道筋やちょっとした町などには食べ物屋さんがあり、賑わっているか否かは別にして食事ができる。今からもう二〇年も以前のことになるが、私がセネガルのフルベ人の村で生活していた頃、時折、ひどく肉が食べたくなると二〇キロほど離れた町まで出かけて焼肉屋さんに立ち寄ったものだ。フルベの人々は牛を飼う牧畜民なのだが、牧畜民の村にいれば肉をいつでも食べられるかといえば、それは全く違う。牛を主とする家畜は乳をとるためのものであって、日常的には肉を食べることはない。結婚式など大きな儀礼があるときにのみ、家畜は殺されるのだ。

村から二〇キロほど離れた町にある焼肉屋さん、これは要するに屋台である。ドラム缶を縦に半割にしたものに木炭を入れ、網をのせて肉を焼く。羊肉を小さく切り、ドラム缶こん炉の炭火で網焼きにしたものに塩をぱらぱらと振りかけ、セメント袋を無造作に手で破り切った紙にのせて供されるのが誠においしかった。これに、近くの店で買ってきたコカコーラなどを飲むとずいぶん気持ちが大きくなり、くつろいだものだ。そうして、再び村での生活に戻る。

セネガルではこの種の焼肉屋さんが都市部にもある。称してディビトリー（dibiterie）という。ディビ（dibi）

とはセネガルの隣国マリなどに多く住むマンダング(=マンディンゴ)人の言葉で肉片を意味するという。その肉片を焼いて食わせるところという意味で作られたセネガル独特のフランス語表現だ。日本にも和製英語はいくらでもあるが、セネガルでも本家フランス語にはない独自のセネガル製フランス語語彙が多くある。そういった独特の語彙の一つである。いずれにせよ、羊肉を焼いたものに岩塩とコショウなどを振りかけてくれる。日本の感覚からするととても安く、誠においしい。羊肉そのものがとても味わい深いのだ。

この種の屋台風の食べ物屋としてもう一つ大事なのがタンガナと称される朝食屋さんである。これは都市部の、それも中心街に見られる。労働者などが多く集まる地に見られるものなのだ。何かの箱の上に板を渡した文字通りの屋台の前にベンチを据え、その側で携帯ガスこん炉などで湯を沸かし、コーヒー(もちろん

焼き肉屋さん
鉄の網や、鉄板に穴を開けたものの上で羊肉を焼く。塩をふりかけていただくととてもおいしい。

インスタント)に牛乳、バターを塗ったパンを食べさせてくれる。この朝食屋さんがタンガナと称されるのは、これがウオロフ語で「熱い」を意味する語であることに結びついていて、要するに熱い飲み物を飲める場所という意味なのだ。一日の仕事を始める前に熱いコーヒーとパンで身をしゃきっとさせるのは必須のことだ。日本円に換算すると二〇円ほどだが、現地の人の感覚からすれば多分五〇円ぐらいの金額で朝食がとれる。

パンはフランス風のバゲットを切ったものだ。ついでながら、ダカールのパンは上等である。見方によってはパリで食べるパンよりもおいしいかもしれない。決して誇張ではない。パリのパン屋さんは最近では作りおきしたパンを冷凍しておき、必要に応じて解凍して売るとかいう話だが、ダカールではそのようなことはない。朝早くからパン職人が焼いたものを売るせいだろうか、本当においしいのだ。それにバターを塗って、インスタント・コーヒー牛乳を飲んで五〇円ほどなのだから悪くない。

ダカールにはこの他にも庶民向けの食べ物屋が相当数ある。ちょっとしゃれた構えのものは別にして、いかにも庶民向け風のものはガルゴット(gargote)と称される。これはフランス語辞書にも載っている語彙だ。安料理屋という意味で、卑しめていう語という。確かに安いのが大いなる取り柄で、日本円に直せば一〇〇円ほどで食事ができる。

私は一九九五年にこういった食べ物屋さん何軒かに直接話を聞いたことがあるが、実のところ経営は簡単ではないのがよく分かった。先にも述べたが、アフリカ(と一般化して誤りではないと思う)では、外国人向けのレストランはともかく、普通の外食屋さんは決して儲かる商売ではない。固定客をもたなければ店は成り立たない。その固定客を手放さないためにもう何年も前から値上げはできない。店に来る客だけを相手にしていては儲けられないので、乗り合いバスの乗務員休憩所や警察署、兵営などある一定の需要があるところに出前をする。また、人件費を節約するために家族員だけで経営をする。店の経営はどこでも大変なのだ。

ここでちょっと話題を変える。「マキ」なる食べ物屋について触れておきたい。もっともこれの本場はセネガルではなく、コートディヴォアールの旧首都アビジャンである。

原口武彦氏によると、アビジャンにはダカールの朝食屋タンガナに似た朝食専門の屋台店が数多くあるという。また、昼食時にも数多くの簡易食堂が店を開く。これらの店は清潔とはいえないものの、それが原因で集団食中毒が発生したという話も聞いたことがないという。「人間の体臭のぬくもりみたいなもので勝負しているのであろう」と、原口氏独自の絶妙な表現をしておられる。

こういった簡易食堂の経営者であるおじさんやおばさんが大成すると、ちょっと本格的な店構えのレストランを開き、それらはなぜか「マキ」と称されるというのである。たとえばマキの一つ「タント・サリー（サリーおばさん）」という店はアフリカ料理レストランとして有名なものだというのである。屋台ではその不潔さにたじろぐ外国人も、このマキぐらいになれば安心してアフリカ料理を賞味できるという。マキにもピンからキリまであるそうだが、ともかく街中に万余とある屋台のめし屋からのし上がってきたマキの消長は、コートディヴォアールの自立的経済発展の一つの指標といえるであろうと原口氏は述べている。★1

私見を述べさせていただくと、この「マキ」はフランス語のマキ(maquis)から来ていると思う。フランス語のマキは、元をたどればコルシカ島の言葉に行き着くが、原義は「茂み」、「密林」などといった意味を持つ。そして、この語は官憲に追われた犯罪者がその手を逃れるために茂み、密林に逃げ込むという意味に使われるのが普通である。そこから、ドイツに占領されていた時代のフランスで、抵抗運動を続ける人たちが地下にもぐってゲリラ活動をすることをも「マキに入る」と称した。要するに、地下活動、秘密の活動を意味している。アビジャンのちょっとしゃれた庶民レストラン、マキはこれに関連しているというのが私の考えである。

これが分かったのは私自身のダカールでの偶然の経験によっている。ダカールに滞在中、ふとしたことから現地の知人にある中級住宅街の中にあるレストランに連れて行かれたことがある。これがマキと称されていたのだ。

そのマキは、外から見る限り、レストランであることを示すものは何もない。まったくの仕舞屋《しもたや》、そこがレストランであることを知っているに人しか分からない構えなのだ。門を入り、家の横の路地を通って中庭に入ると、広い内庭の中、日よけの庇の下にテーブルが幾つか置かれ、一隅には各種の酒ビンが並べられたバーコーナーがある。ビールはもちろん、ウイスキーでも、マルティニでも、パスティス(アニス酒)でも何でもある。カメルーン料理を専門とする店だという。というからには、店の親父さんはカメルーン出身なのだろう。確かにメニューにはセネガル料理と並んで、大分趣の異なったものが並んでいる。そして何よりも、多くの客たちはアルコールを楽しんでいるのだ。イスラムを旨とするセネガルのダカールにおいて、現地人を主な客にしながらあけっぴろげにアルコールを楽しめる店は夜に店開きする各種のキャバレー、バーを別にすれば珍しい。要するに、「マキをしている=地下活動をしている」店なのだ。私をここに連れて行ってくれたセネガル人も、じつは自分がビールを飲みたいが故に、素知らぬ風を装ってわざわざここに私を連れて行ったのである。

セネガルはイスラム教徒が圧倒的に多い国ではあるが、外国人を主な客にする店や夜に開くキャバレーなどでのアルコール販売は自由になされている。法律で飲酒が禁じられているわけではない。スーパーなどでもアルコールはいくらでも売っている。ただ、現地人がアルコールを飲むのはやはり人目をはばかる行為ではある。その心理的な陰の部分にうまくつけ込んだ店なのだ。法律で禁じられているわけではないが、人目をはばかる飲酒が、その店にいる限り自由にできる。そのちょっとしたスリルを楽しませてくれる店なのである。その店がマキと称されていること自体に、現地の人々はいささか胸躍らせるものを感じているはずである。料理は相当に手が込んでいるのか、ずいぶん長い間待たされて供された。もしかすると、この長時間の待ちはわざとそうされているのかもしれない。長く待つ間に、人はビールを何本か追加注文するであろう。

ダカールでのマキの性格から考えると、アビジャンのマキも元はちょっとしゃれたアフリカ料理を食べさせる店として、本格的なフランス料理を食べさせるレストランなどからは一歩引いた位置にゲリラ的に発生し、それから発展してきたものなのだろうと思われる。庶民のシャレとしての名称なのだ。確かに、原口氏が述べるように、この種のマキがどれだけ発展しうるか、そこにアフリカの国の自立的発展の指標が隠されていると言ってよいかもしれない。マキは外国人(ヨーロッパ人)を主な対象にしているのではなく、何といっても現地の人向けのレストランなのだから。

さて、外食という概念からは少し外れるかもしれないが、セネガルの都会でごく普通に見られる物売りについて記しておきたい。コラと呼ばれる木の実を売る青年たちのことである。首都ダカールでならどこででも見られるし、地方の都市でも普通に見られる。径五〇センチ内外の金属製のお盆と、それを支える一メートルほどの長さの棒が彼らの商売道具だ。移動するときは、右手にお盆、左手に棒を持って歩き、場所を決めると棒の上にお盆をのせる。棒の一方の先端には小さな板が打ち付けてあって、お盆をのせやすくしてある。お盆にのせて売るのがコラと呼ばれる木の実なのだ。

コラの実は見たところ栗ほどの大きさ、皮を剥いてあり、白色のものと赤色(紫桃色がかっている)のものとがある。もっとも、コラの木の仲間は四〇種以上もあり、そのうち数種の実が特に好まれているのである。コラは西アフリカの熱帯降雨林地域原産の高木で、実は一莢の中に三粒から多ければ一二粒も含まれている。一つが栗ほどの大きさだから、それを何粒も含む莢は大きなものである。一本のコラの木が、一年に一〇〇〇個もの実をつけるという。莢を水に浸けて柔らかくしてからはずし、取り出した粒は乾燥しないようにバナナの葉やヤムイモの葉などにくるんで搬送する。ダカールの市場などでは、時々、大きなトラックに満載されたコラの実の荷を見ることがある。それがコラの実であることは、荷がバナナなどの葉でくるんであることで分かる。コートディヴォアールなど、熱帯地域の国からはるばる送られてくるのである。

学名を*Cola acuminata*、及びもう一種は*Cola nitida*というコラの実が特に好まれており、これらは主にカフェインとテオブロミン(カカオの種に多く含まれている神経興奮剤、カフェイン同様利尿、動脈拡張効果を持つ)を多く含む。コラ・ニティダの場合、カフェイン含有量は一パーセントから四パーセントになり、コラ・アクミナタもほとんど同様のカフェインを含む。一パーセントから四パーセントというと、わずかの含有量であるように見えるが、コーヒーのカフェイン含有量は〇・七パーセントから一・三パーセントというから、コーヒーより多く、日本茶と同じほどのカフェイン含有量なのである。ともかく、コラの実一つを全部口にすると、コーヒー三杯を一度に飲んだほどのカフェインを摂取することになるのだ。

ここまでの記述でお分かりのとおり、コラの実は嗜好品、もっと言えば興奮剤、「気付け薬」や「眠気さまし」のように摂取されるものなのだ。また、一時的に空腹を忘れさせるものとして摂取されることもある。この実を噛んでいる人の側にいると、カリコリとてもおいしそうなものを噛んでいるような音がする。実際に噛んで見ると、これが苦《にが》い。とても苦いと言ってもよい。灰汁が強いせいか、白色のコラの実でも、噛んで潰されたものは口の中で茶色になっている。この茶色の灰汁を利用して布染めに使われたりもする。また、カフェインが多く含まれている故であろう、タバコやコーヒー、お茶などに似て習慣性がある。これを噛む習慣のある人は、だいたいいつもコラの実をポケットなどに入れていて、時に応じてカリッと一口噛んだりする。そして、残りをまたポケットに入れる。タバコを吸う人に似ている。つまり、コラの実一粒をいちどきに全部、噛んで食べたりするものではない。強すぎるのだろう。

すでに記したが、コラの実は熱帯降雨林地域で産するものである。ところが、生産地域の人にはこれを噛む風習はないようだ。コラの実を好むのはいわゆるサヘル地域、つまり西アフリカの熱帯降雨林地域より北側の半乾燥地帯に暮らす人々なのである。しかも、イスラム化が早くから浸透した地域とおよそ重なっている。このことから考えても、コラの実に対する嗜好とイスラム教とは関連しているようである。イスラム教ではアルコール(酒)摂取は禁じられており、アルコールに代わる嗜好物としてコラの実が好まれたらしい。また、サヘル地域は乾燥しており、果物など自然の食べ物が豊かなところではない。空腹を紛らすためにコラの実を噛むことが男女共に受け入れられたのかもしれない。その伝で考えると、コラの実を産する熱帯地域の人々自身がコラの実に興味を示さないのは、熱帯地域でのイスラムの浸透はずっと遅く、しかもこの地域ではヤシ酒などの嗜好品や果物などが豊富であり、わざわざ苦いコラの実を噛む必要がなかったということかもしれない。

お茶やコーヒーにせよ、お酒でもタバコでも嗜好品は結構値の張るものである。コラの実も安いわけではない。街中で青年がお盆にのせて売っているコラの実は、その大きさにもよるけれど一粒を買うと日本円に換算して二〇円程度、現地の人の感覚からすれば一個五〇円から一〇〇円ぐらいに感じられるのではないだろうか。だから半粒、あるいは半粒の半分でも売ってくれる。タバコを一箱買いするのではなく、一本買いするのに似ている。

コラの実が西アフリカの熱帯地域からサヘル地域へと輸送された歴史は古い。西アフリカの各地へとイスラムが浸透していった一五世紀にはすでに輸送されていたという。西アフリカの北部と南部との間での遠隔地交易の重要な産物であったのだ。北からはサハラの岩塩、現地産布地、家畜、皮革、干し玉ねぎ、そして奴隷が輸送され、南部地域からはヤシ油やコラの実、奴隷、象牙などが主に輸送された。奴隷が北からも、南からも送られたというのは不合理なように見えるが、奴隷は近隣地域に移送したのでは逃走の危険があるから、北部、南部の両側から遠い地域へと運ばれたのである。

コラの実は単に民衆の嗜好品として受け入れられたというより、結婚式や子供の出産祝いなどの祝い事や、逆に不祝儀に際して人々の間でなされる贈り物に使われたり、支配者が配下の者への贈り物として使ったりした。つまり、象徴的な意味合いが付与され、何らかの機会には必ず必要な品として社会の中で役割を帯びていたのだ。★2 今でも、婚約や結婚の祝いには、男性にはコラの実を三つ、女性にはコラの実を四つ持参するという風習は各地に残っている。三という数字が男性を、四が女性を象徴する数字とされるのは、必ずしも西アフリカ全域に共通ではないが、男性の三は陰茎と睾丸二つ、女性の四は小陰唇(二)と大陰唇(二)に結び付けられていると説明されたりする。そして、三と四を合わせた数字七が完全な人間性を象徴する数

人参売りの娘
コートディヴォアール、ヤムスクロに建設された巨大なカトリック聖堂の側で人参を売る娘たち。

字といわれたりもする。

確かなことはいえないが、セネガルで観察する限りコラの実を噛む習慣もかつてに比べると、人々の間でずいぶん減っているように思える。かつてというのは、私がセネガルを訪れるようになった初期の頃、今から二五年以上前のことであるが、その頃はコラの実を噛む人は今に比べると確実に多かった。コラ噛みの習慣ゆえであろうか、タバコのヤニが歯について黒くなるように、歯に茶色の灰汁がこびりついている人を結構見たものだ。現代に至って、コラを噛む人が減ったとすると、それはタバコやコーヒーをはじめとする嗜好品がより手軽に手に入るようになったことと関連しているのであろうか。

ついでながら、アメリカ生まれの清涼飲料コカコーラの成分については、企業秘密なのだといわれたりするが、コラの実がもつ苦味成分と何らかの関係があるようだ。確かに、コカコーラにはかすかな苦味のような味がある。

コラの実売りの青年で思い出したが、コートディヴォアールの諸都市ではお盆に人参をのせて売り歩いている娘さんたちを見た。緑の葉のついた生鮮人参である。人々は人参を買うと、ポリポリと齧り食べていた。おやつ代わりのようだ。人参は甘みの強い野菜であるから、生で食べてもおいしい。セネガルではしかし、このように生の人参を売り歩く娘さんはいない。所変われば、当然ながら品替わるものだ。

◉註

★1—原口武彦「アビジャンのマキ」『「たべものや」と「くらし」—第三世界の外食産業—』、アジアを見る眼85、アジア経済研究所、一九九二年、一八二—一八六ページ。

★2—Paul Lovejoy, *Caravans of Kola, the Hausa Kola Trade, 1700-1900*, Zaria, Ahmadu Bello University Press, University Press Limited, 1980を参照。

第六章——特色あるエチオピアの食

エチオピアという国はアフリカにあってさまざまな観点から特異な存在といえよう。冷涼な高地部と酷暑の低地部がある。かと思うと、少なくとも首都圏に多く暮らすアムハラの人々は挨拶をするときに私たち日本人がそうするように「おじぎ」をするし、また人々が好む歌は日本の歌謡曲によく似ている。アフリカのいくつかの国を回って、その後にエチオピアを訪ねると、そこではこれまでに見たアフリカ諸国とは異なった趣が感じられるはずである。

エチオピアの食文化もじつは他のアフリカ諸国のそれとは相当に異なっているといえる。この章でエチオピアの食を見てみよう。はじめに、エチオピアの特異性について簡略に記し、それから食文化について考えよう。

一――エチオピアという国

アフリカ大陸の東端に近い地域に位置するエチオピアは、その創世神話からして深遠なものを感じさせる。紀元前一〇〇〇年もの昔、南アラビアを居住域としていたというシバ（サバ）人の女王が、古ユダヤのソロモン王を訪ね、その両者の間に生まれたメネリク一世がエチオピアという国を創建したのだという。これが国の創世に関わる伝説である。メネリクを名乗る皇帝はこれまでに二人しかおらず、二代目メネリク皇帝が即位したのは一八八九年であるから、伝説上のメネリク一世と二世との間にはほとんど三〇〇〇年に近い時間が経過している。その間、紀元後四世紀にアクスムの王がキリスト教に改宗して以降、この地域ではイ

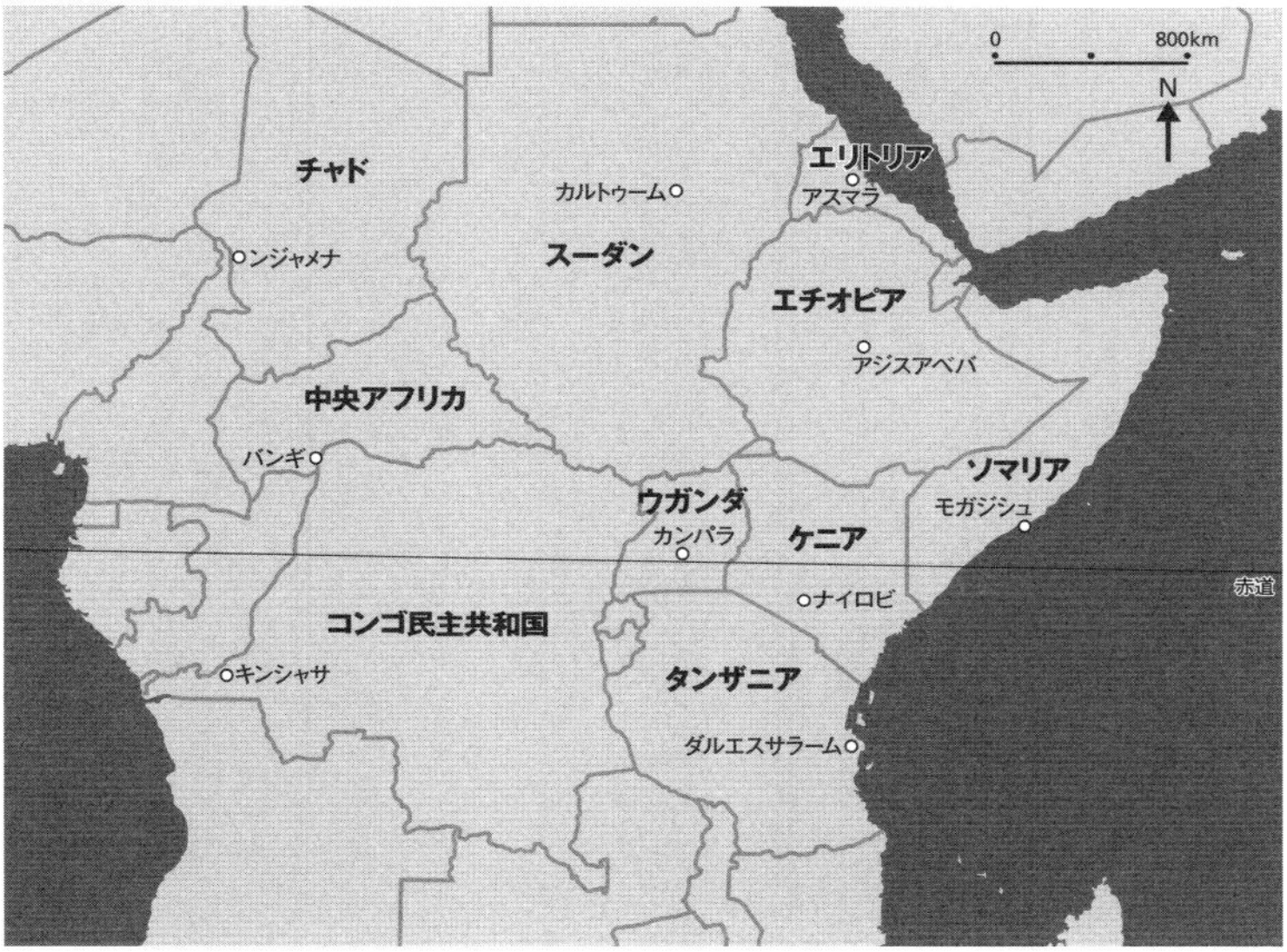

「アフリカの角」と呼ばれる東部アフリカ地域から中央アフリカにかけての諸国とそれらの首都

スラム教と共に東方教会系のエチオピア教会が独自の発展を遂げている。

独特の文字で書かれた聖書がある。このことにも表れているように、エチオピアでは独自の文字が早い時代から用いられていたこともアフリカにあって特異なことの一つである。右に記したエチオピア教会がエチオピア帝国の皇帝権と結びつき、宗教性に裏付けられた強固な政治権力が長い間続いたわけだ。一九世紀末に即位したメネリク二世の従兄弟の息子であるハイレ・セラシエ一世の即位は一九三〇年。このハイレ・セラシエ皇帝が即位する前から、ジャマイカで彼を崇拝するラスタファリ運動が起こり、「神」のように崇められたことを知る人は多いだろう。ラスタファリとは、ハイレ・セラシエ皇帝が戴冠する前の名前ラス・タファリから来ている。彼の時代にイタリアに一時期侵略されたことがあるものの、植民地化された歴史はなく、したがってエチオピアはアフリカで最古の時代から現在に至るまでの独立国といってよい。これらの諸点は、当然、エチオピア人の国民的誇りを支える基盤として強く意識されているはずである。

一九七四年にエチオピア軍部の主導による「社会主義革命」が起こり、神聖帝国から共和国に姿を変え、旧体制は完全に崩壊した。代わって、強力な中央集権体制、社会主義政権が布かれた。しかし、この強権政治がかえって地域主義、民族主義の激化を招き、国内各地で紛争が起こったこともよく知られている。北部のエリトリア地域が分離独立したのは一九九三年である。アフリカ統一機構の本部がエチオピアの首都アジスアベバに置かれていたことを思うと、そのエチオピアからエリトリアが分離独立したのは悲劇であった。

エチオピアの風土をもっとも強く特徴付けているのは、その高原であろう。首都のアジスアベバは国のほぼ中央に位置するが、ここはエチオピア高原のほぼ中央とも言え、標高二四〇〇メートルの高地にある。赤道に近い位置であるとはいえ、気候は年間を通して冷涼である。南部地方の低地部では高温の熱帯降雨林が形成されているのとは際立った違いを見せている。二四〇〇メートルの高地となると、慣れない人は高山病を起こすというと少し大げさかもしれないが、かといって滞在の初期に頭痛や脱力感に襲われてもおかしくはない高度である。ケニアの首都ナイロビも高地(標高一六〇〇メートル)にあり、気候さわやかだが、アジスアベバはさらに八〇〇メートルも高い位置にある。

私は一九八七年にスーダンとエチオピアに滞在する機会を得た。両国は隣り合っているが、スーダンはその大半が低地で形成されているのに対し、エチオピアに入ったとたんに高地、山岳が多くなる。スーダンの首都、ナイル河畔の町カルトゥームから飛行機でアジスアベバに降り立ち、まずその冷涼さに驚き、翌朝のホテル食堂でいただいた卵の目玉焼きにもとても驚いた。スーダン、カルトゥームでの目玉焼きは卵の黄身が黄色というよりほとんど白に近く、目玉焼きにしたとき黄身が丸く盛り上がるのではなく、皿の上に小さく広がる白身の部分とほとんど変わらないぐらいのべったりした平たいものであった。どうしてこうなるのだろう。また、目玉焼き全体が白身の部分はもちろん、黄身も水分がほとんどなくなるほどにしっかりと焼いてあるのだ。しっかり焼き上げてあるがゆえに、水分が抜け、卵の黄身独特の盛り上がりも、あの強い黄色も失うのだろうか。黄身の部分を口に含むと、しっかり固茹《かたゆ》でにしたゆで卵の黄身以上にぱさぱさした食感になっている。これはセネガルなどでも同様で、どういうわけかと思わせるほどに黄身が白っぽく、そして実にしっかりと固く焼き上げた目玉焼きになっているのである。

ところが、アジスアベバのホテルでいただいた目玉焼きは、まずその美しさで人を魅了するものであった。お皿の上に二つの白い円、それぞれの中央に美しい黄身がしっかりと自分本来の姿を主張して鎮座している。全体にしっとりとしたみずみずしい艶を帯び、そして何よりも黄身が橙色にちかいほどの強い黄色を主張し、かつほとんど生の状態、つまり火加減が絶妙の状態で供されたのである。黄身の部分にナイフを入れると、とろりと流れ出した。白身の部分にからめるようにフォークで口に運ぶ。卵のおいしさが口に広がった。

こういった生に近い目玉焼きをいただくことができるというのは、気候が冷涼であるということと無縁ではないだろう。実際のところ、エチオピアといえば何といってもまず取り上げるべき食品インジェラも生肉とともに食されたりする。これはアフリカでは驚くべきことだといって間違いないだろう。暑い気候が優勢である他の国々では、生に近い肉や卵、そして魚は危険だ。セネガルでは卵の目玉焼きを作るとき、フライパンに油を引いて、そこに卵を落とすのではなく、鍋に油を沸き立たせておいて、その油の中に卵を落とし入れる人もある。よく火を通す、それが安全なのだ。

二―インジェラ

エチオピアといえば、まずはインジェラからいただかねばならない。

白人政権下にあった時代の南アフリカの白人軍人ローレンズ・ヴァンダーポストという人が著した『アフリカ料理』という本がある。日本では一九七〇年にタイムライフ・ブックス社から刊行されている。軍人としてアフリカ各地を回り、各地の料理について個人的な感想をたっぷり込めた文章での説明がついているが、肝心の料理が「アフリカ料理」と銘打つには違和感が強すぎる。言い換えると、アフリカ各地に駐在する白人が主に口にする料理が並べられている。白人の軍人として各地を回り、おもむく先々の土地で最高の待遇を受け、したがって各地で口にすることのできるヨーロッパ料理、ないしは欧風にアレンジした現地高級料理が記述されている観を与える。ただ、そこに示されている写真は数多く、かつすばらしい。また丁寧なレシピが記されているのもそれなりに貴重である。

というわけで、この著『アフリカ料理』は現地料理への言及はあまりなされていないというのが実情なのだが、エチオピアについてはインジェラがきちんと紹介されている。「ナイフとフォークの代わりもするパン」としてインジェラについて語り始めるのだが、ここで彼の文章を少し紹介したい。

アレチャやワット(ともにシチューのこと、後述)を食べるのに欠かせないのが、パンである。ふつうエチオピア人はフォークもナイフも使わない。その代わりに彼らはいつも必ず右手でパンを持ち、香辛料のきいた料理にひたしてパンにその汁をふくませたり、中身をパンでくるんだりして口に運ぶ。この習慣もインド人と共通しているが、パンそのものの役割は、インドよりエチオピア料理でのほうがはるかに大きい。この点では、エチオピアの習慣はヨーロッパやアメリカに近い。★1

ヴァンダーポストは「パン」と記しており、確かに水で溶いた粉を焼いた食品だからパンの一種ではあるが、ふくらし粉が入っていない、平たいパンである。インドのナン、あるいはアラビア風の平たいパンよりもっと平たい。譬えると、フランスでよく食べられ、日本でもちょっとしゃれたおやつとして知られているクレープに似ている。ただし、似ているのは形であって、味は少々異なる。味の違いは本当のクレープはそば粉で作られるのに対し、インジェラはテフという雑穀の一種で作られるという材料の違いにもよるが、何よりの特徴はインジェラは醱酵した粉で作られていることにある。したがって、それだけを食べると酸味がある、というより人によっては相当に強い酸っぱさを感じる味なのである。

エチオピアはいろんな点で特異性を見せる国だと記したが、インジェラも食品としての独自性を見せているのみならず、その材料であるテフがエチオピア以外では栽培化されたことはないという実に独特なものなのだ。

テフ(*Eragrostis abyssinica*)は草丈五〇から一五〇センチになるが、通常種皮の色によって、白色種子と赤色種子の二つの品種群に分類されている。赤い種子の品種群では穎《えい》の色は一様に灰色である。白い種子のものはインジェラを作るのに最適として好まれており、市場でも赤い種子の品種より高価だという。日本などでも平地の草原や畑地に雑草として生えているオオニワホコリという植物と形態がよく似ており、これを祖先として長い歴史の中で選択され、栽培化されてきたのだろうという。エチオピアの低地部、及び中高度の地で広く栽培されている。雨季の始まる八月ごろに、牛にひかせた木製の鋤で耕した畑に、手で種が播かれる。雨季の間、丁寧に除草し、九月の終わりごろから一〇月にかけて穂が出始め、乾季の始まる一一月ごろには黄色に熟したテフの畑が見られるようになる。脱穀はテフをむしろの上に広げ、その上を牛や馬に踏ませておこなうのが一般的だという。

一つの耕地で一年から四年の間連続して栽培し、その後、四年から時には一〇年に及ぶ休閑がなされる。

第二章で西アフリカの雑穀について記したが、そこで述べたフォニオは西アフリカのサバンナ地域に特徴的な雑穀であり、その粒はとても小さいことを記した。エチオピアのテフの種子もとても小さい。もともと、テフという呼び名はエチオピアの言語アムハラ語で「見失ってしまう」を意味する語なのだそうだ。もし、テフの種子一粒を机の上から床に落とすと、いくら床を探しても、もう二度と見つかることはないほどに小さいという。こんな小さな粒をもつ穀物を日々の食糧にするエチオピアの人々について、現地調査をされた栽培植物学の権威である阪本寧男氏も驚嘆しておられる。テフの粒には鉄分が多く含まれているとのことで、このこととエチオピア高原には貧血で悩む人が少ないという事実とは関わりがあると言われる。★2

インジェラはテフの粉から作るクレープ状のパンであるが、製法は阪本氏による説明と、先にあげたローレンズ・ヴァンダーポストの説明とではやや異なっている。地方によって製法が異なるということが考えられる。阪本氏の説明では、まず石臼を用いてテフを粉に挽く。この粉をバターで練り、余分の水を捨てて、残った生地に熱湯を加えて、充分に白くなるまで加熱する。こうして調整され、どろどろした生地を酸っぱ

い バターの中に注ぎ込み、これをミタドと呼ばれる土釜で焼いてインジェラに仕上げるというものである。焼き上げたインジェラは径六〇センチほどの大きさである。

一方、ヴァンダーポストによると、テフの粉を水で練って、三日から四日置いておく。この時点で醗酵が進むわけだ。そうして後、どろどろの生地を粘土製の焼き板の上にたらして、焼き上げるというものだ。生地を焼き板(土製)の上に垂らすときは、円の外側からだんだんと中心に向かって垂らす。焼き板には蓋をして、五分ほどで焼きあがる。

インジェラは径五〇センチから六〇センチほどの、薄く、円形で、平たいパンであるが、色は灰色にちかい黄土色、そして生地が醗酵しているせいであろうか、表面にぶつぶつと、月面のそれを思わせるような穴がたくさんできている。このインジェラをメソブ、ないしマサブと呼ぶ専用の台(植物を編んだもの)にのせ、それを四、五人の人が取り囲むようにして座って食べる。

インジェラはワットと呼ばれるソースをつけて食べる。ソースをつけて食べるというと、ソースが別の容器に入っており、それにインジェラを浸して食べるように思われるだろうが、そうではない。台の上にインジェラは広げられており、そこに具の入ったワット(ソース)をかけ、インジェラを適当な大きさにちぎってはワットを包み込むようにして口に運ぶのである。ヴァンダーポストが「フォークとナイフの代わりをする」と述べているのは、そのためだ。

インターネット検索で「インジェラ」と打ち込み、探してみるとたくさんの情報が得られる。エチオピアを訪ね、インジェラを食べた人は数多いのだ。その人々の反応はそれぞれに面白いものがある。インジェラの色、つまり灰色に近い黄土色にショックを受ける人もあれば、ぶつぶつと穴がたくさん開いた形状に初めのうち違和感を抱く人もある。その味から「ヨーグルト蒸しパン」にたとえる人もある。また、多くの人はインジェラの酸っぱい味にちょっとした衝撃を受けているが、「食べているうちに、結構はまる」と書く人もあれば、「ワットとうまく合って、じつにおいしい」と書く人もある。なかには、「この味にはとても馴染めないが、ワットはおいしく、ご飯と一緒に食べたい」と書く人もある。

ともかく、エチオピアの、特にアジスアベバ周辺の人々はインジェラを毎日三度、朝、昼、晩と食べ、その上におやつとしても食べるのだそうだ。おやつとして食べるときにはバレバレというまことに辛い調味料をつけて食べたり、場合によっては塩だけをつけて食べたりする。バレバレはその辛さに特徴があるが、韓国のそれに似た大ぶりの赤唐辛子を臼と杵で搗いて粉にし、ニンニク、ショウガ、塩などと混ぜ、さらに搗いて粉にしたものである。ある人のホームページに記してあったのだが、エチオピアでは水曜日と金曜日、それ以外にも特別の期間があり、計にすれば年に二百数十日もの「断食の日」というのがあるそうだ。断食といっても、一切の食事が禁じられているわけではなく、肉食が禁じられている。つまりエチオピアのキリスト教の戒律に関わる断食で、これらの日には肉の入らない野菜の煮込みを具にしてインジェラを食べる。豆の煮込み、ジャガイモ煮込み、香菜の煮込み、ポテトフライ、生のトマトや玉ねぎなどをインジェラの上にのせていただく。肉入りワットより値段は安いが、たくさんの野菜が並び、かえって贅沢な印象を与えると記されている。

ワット（具入りのソース）もずいぶん辛いのがあるようだ。ドロワットと呼ばれる鶏肉とゆで卵の入ったワット、あるいは牛肉入りのワットがよく知られているが、いずれも唐辛子を主とした香辛料が真っ赤になるほど入っており、「貧血を起こしそうなくらい辛い」★[3]という。私個人は今から一五年程も前にアジスアベバで三度食べただけで、それほど辛いという印象は残っていないのだが、たまたま私がいただいたワットは辛みの少ないものであったのかもしれない。ただ、「貧血を起こしそうなくらい」辛いと記す松本氏も、ワットの辛さとインジェラの酸っぱさ、ワットの中の肉の脂肪分とが渾然一体となって何ともいえないうまさがあり、「病み付きになる」と記しておられるように、とてもおいしいものである。私の印象に強く残っているのは、インジェラと一緒にいただいた生肉(牛)の方である。ひき肉になっていたが、完全な生肉だ。さまざまな香辛料と混ぜた状態だったが、この生肉をおかずに食べるインジェラもおいしかった。生肉を食べるということ、これはすでに述べたが、アフリカにあっては大変特異なことだと思う。それは気候が冷涼であるがゆえに、生肉を食べても危険が少ないということだけで説明がつくことなのかどうか、もっと別の理由があるように思うが、今のところ私には分からない。是非とも、ご教示いただきたいことのひとつである。

さて、こうしてインジェラについて記してくると、あることに気付かれたかと思う。私はアフリカの食の三大特色として、まず主食と副食とがカレーライスのように混ざり合った状態で供されることが多いこと、次にアフリカの食は「噛む」ものではなく「飲む」ものであること、そして第三に熱くなければならないことを強調してきた。それは、西アフリカからアフリカの中央部、さらに東アフリカに至るまで、実に広い範囲の食事について、主食材料が雑穀(ミレット、モロコシなど)であれ、マニオク、ヤム、あるいはバナナであれ、いずれにも共通して観察されることであった。セネガルの都市部では、米がよく食べられているのだが、その米を基盤にした料理にもこれら三つの特色が観察されることを記した。セネガルでの米は粒を細かく砕いたものが好まれており、それは細かく砕くことによってソースが絡みやすくなるということと同時に、「飲み込みやすく」なるからだということを記した。

エチオピアのインジェラとワットは、どうもこれら三つの基本特色から外れているといわなければならないようである。インジェラは焼きたての熱い状態でいただくものではない。一度にたくさん焼いておき、それを何度かに分けていただく。つまり、冷えた状態でいただくのだ。ワットは確かに熱い、というか暖められている。しかし、主食、つまり食事の基盤となるインジェラが冷めた状態で供されるのである。インジェラとワットは、両者を共に口に入れるという意味で、主食と副食とが一体をなしていると言えなくもないが、しかし、インジェラは「飲む」ものだとは言えないだろう。かくして、私が強調したアフリカの食の三大特色の内の、少なくとも二つについてインジェラは外れているのである。この点からしても、エチオピアの食はアフリカにあって特異なものになっている。

三―エンセーテ

インジェラはできあがった食品の名前だが、これから述べるエンセーテの方は食材の名である。また、インジェラが現地の言語での呼び名であるのに対し、エンセーテは学名(*Ensete ventricosum*)であり、現地での呼び名は民族社会によって異なり、幾つかある。エンセーテについては、本書「はじめに」において、アフリカ各地の主食材料を簡単に列挙した際、「バナナにしてバナナにあらず」と紹介しておいた。アフリカ大陸の広い範囲に自生しているのみならず、マダガスカル、ミャンマー、タイ、インドなどでも見ることができるという。野生として生えているだけでなく、庭などで観賞用に栽培されているところもあるという。しかし、食用として栽培され、利用されているのは世界でもエチオピア西南部においてだけだというのである。植物そのものは特異というわけではないが、それを栽培しているという事実、利用の仕方が特異なのである。テフといい、エンセーテといい、エチオピアには独特の栽培植物利用がある。

エチオピアでのエンセーテ栽培と利用について、日本で初めて報告がなされたのは一九六九年、先のテフに関する記述に際して引用させていただいた阪本寧男氏がなされたものなのだそうだが、その後、阪本氏の弟子にあたる京都大学の重田眞義氏が詳しい調査をし、一連の報告をしておられる。また、最近では藤本武氏もエチオピア南西部にて各種の栽培作物について詳しい調査報告をしておられる。ここでは、まず重田氏の報告★4によって、エンセーテとは何なのか、どのように利用するのかなどを見ていこう。重田氏の報告は、エチオピア西南部、首都のアジスアベバよりはケニアやスーダン南部にむしろ近いゲムゴファ州に住み、自分たちの民族名称をアリと称する人々の村でなされた調査に基づいている。

エンセーテは、普通私たちが果実を食用にし、その果実をバナナと呼んでいる植物に近い植物である。バナナもエンセーテも、植物分類上はバショウ科という同じ科に属し、かつては属の次元でも同じ属(バショウ属)に分類されたこともあったという。外見上は、日本でも栽培されているバショウとそっくりである。エンセーテは多年生だが、花が咲くと地上部の個体は枯死してしまうという特質を持っている。バナナのように側芽が次々にできて、全体として株を作るということはない。一本だけで孤立しているということになる。また、バナナとの最大の違いは、バナナの場合、果実を食用とするのに対し、エンセーテは葉柄基部に蓄えられている澱粉と、根茎を食用に利用するのである。

エンセーテの根茎中央部をくり抜いて、そこに土を詰めて地中に埋めておくと、その後半年から一年で一〇〇本から二〇〇本もの苗が生長してくる。この苗が三〇センチから四〇センチに育ったところで、順次、移植し、さらにその後一年を経て定植する。定植して後早くて一年(通算で三年かかっている)、遅くとも六年(通算で八年)で利用可能な状態に生育する。利用できるまでにはずいぶんと時間がかかるわけだ。したがって、人々はいつでも利用可能なように、数多くの成長段階の異なるエンセーテを育てていることになる。重田氏が調査したある家庭ではエンセーテ畑は一三六四平方メートルあり、そこで二七四本(苗を除く)のエンセーテが栽培されていた。そのうち、すぐに利用できる個体は一三四本であったという。エンセーテはその生育の途中において、葉、葉柄は包装用に、また葉を敷いて食器に、あるいは覆いとして、さらには衣装などにも多面的に利用されている。植物体の外側から順次、切り取られて、利用されているわけだ。

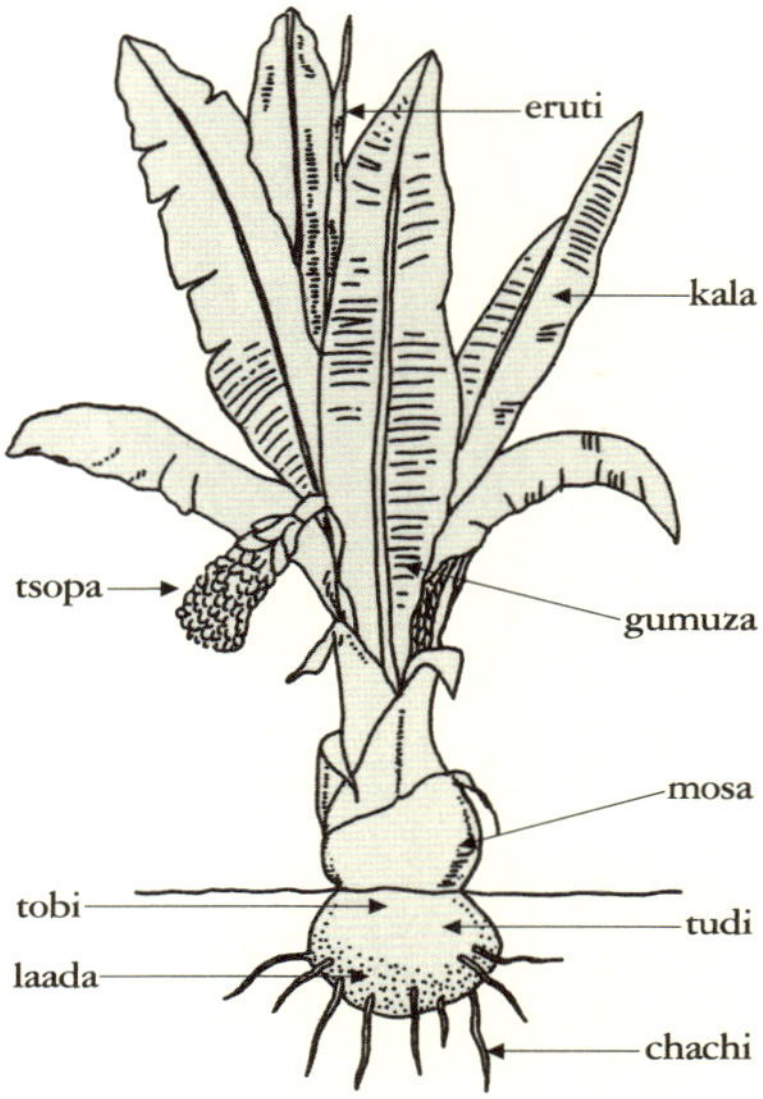

エンセーテの姿
エンセーテの全体の形とアリ語(エチオピア)での部位名称
原画／重田眞義

食用として利用する場合、どのようにするのだろうか。エンセーテの場合、一つは葉柄基部に蓄えられた澱粉を利用し、もう一つは根茎を利用する。葉柄基部に蓄えられた澱粉は、その繊維質とともにかきとって、土中に保存し、一〇日から数週間をかけて醗酵させる。そうすると粘土状のかたまりができる。アリの人々はこれを食用として利用するのをとても好むという。葉柄を一枚ずつはぎとって、水分を取り除き、それを専用の大きなまな板(エンセーテに斜めに立てかけてある)にのせ、竹べらを使って中の細胞質をかき落とすようにして澱粉を取り出す。

根茎の利用は次のとおりだ。切り口を下に葉の上に置き、外側の泥のついた部分を根とともに切り取るように薄くむいていく。次に、手ごろな石を拾ってきて、外側三センチから五センチくらいの柔らかい部分を突き崩していく。これをエンセーテの葉で丁寧に包み、醗酵兼貯蔵用の穴に入れるのである。エンセーテの葉を何枚も重ねて置き、その後、手を触れることなく最低で八日くらい、長いときは二週間ほど放置し、調理に際しては必要な分量だけを取り出して、残りは元どおりに包みなおしておく。

醗酵した澱粉にはまだ繊維質が混ざっているが、これを取り除き、パン生地のようなものを作る。このパン生地をエンセーテの葉の上にのせて、厚みが三センチから四センチ程度の円盤状に広げ、あらかじめ熱し

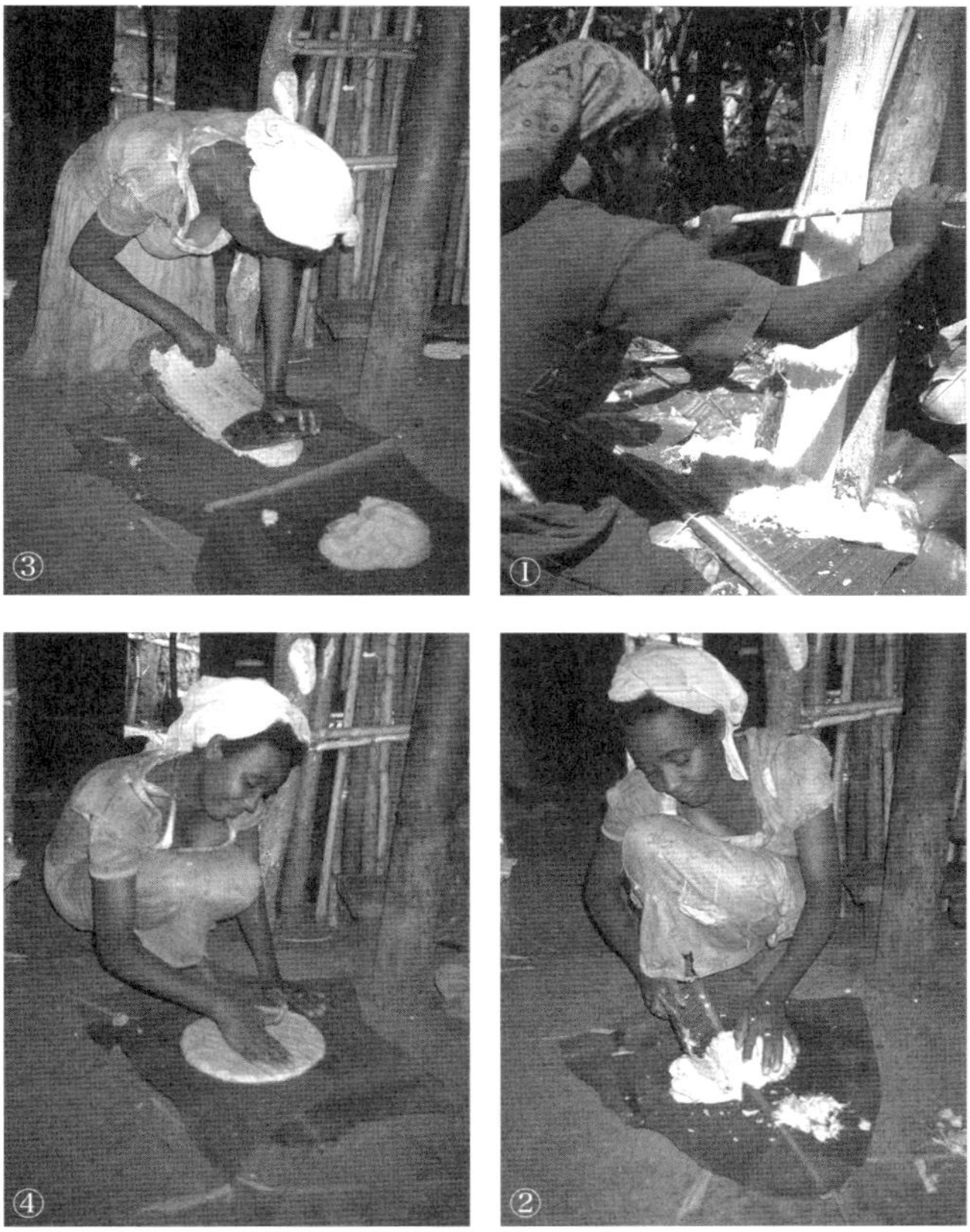

エンセーテ
①エンセーテの葉軸部分に含まれている澱粉を竹の棒でかきとる。
②ナイフでエンセーテの醗酵澱粉に含まれる繊維を取り除く。
③繊維を取り除いたあとの醗酵澱粉を、石臼ですりつぶす。
④エンセーテの葉に醗酵澱粉をのせて焼く。
写真／いずれも重田眞義

ておいた土製のフライパンの上にのせ火にかけて焼く。フライパンには蓋はせず、片面を二五分ほどかけて焼き、裏返して、さらに一五分ほど焼いて、でき上がる。こうしてできるパンには調味料や香辛料は一切加えられないという。焼いたパンであるから、一週間ぐらいの保存に耐えるものである。これが基本的なパンであるが、むろんこの他にパンとしてではなく、熱湯で練り粥状に練り、野菜や調味料で味付けしたソースと共に食べたりもする。

澱粉を掻き出すところから、醗酵した澱粉を焼く段階に至るまでの工程を重田氏ご自身が撮影された写真をお借りして示しておく(二二五ページ)。また、バナナにしてバナナにあらずというエンセーテとは、どのようなものなのか。こちらも重田氏ご自身の手になる図をお借りして、ここに示しておきたい(二二四ページ)。

アリの人々は、エンセーテだけを主食としているのではない。トウモロコシ、大麦、モロコシ、シコクビエ、テフ、さらにはタロイモ、ヤム、バナナ、カボチャと実に多くの作物を栽培し、利用している。副食野菜としても数種の豆類、葱、唐辛子、トマト、ゴマ、さらにはタバコ、コーヒーと実に多彩である。

エンセーテはその澱粉を醗酵させて利用していることを見たが、アリの人々は醗酵した食品の味への嗜好が強いようである。また、醗酵させることによって、エンセーテの根茎が持つ苦味が抜けるということもある。

重田氏の調査は精細を極めたものであり、実測値に基づいて一本のエンセーテがどれだけの人口を扶養できるかといった計算もなされている。大雑把に言うと、一本のエンセーテから四七キロの澱粉が取れ、これで大人五人が九回の食事をすることができる。重田氏がある小学校の六年生児童一四人に一週間の食事記録をとってもらって調べたところ、次のようなことが分かった。

子供たちは、朝、食事を摂ってから登校し、昼食は自宅へ戻って食べる。これは、昼からの授業がある場合でもそうする。夜も自宅で家族と共に食事をするのが普通である。子供たちの記録を見ると、アリ人の社会での人々の食事様式がおおよそ分かるが、記録は一日三度の食事に何を食べたかを記してもらうというものである。その結果を見ると、モロコシ、テフ、大麦などの穀類とマメ類が全体の三割ほどを占め、次いでタロイモ、ヤムなどのイモ類が多く、エンセーテは約一割から一割五分といったところである。エンセーテの人口扶養力は大きいのだが、だからといって人々はエンセーテばかりを食べているわけではない。先にも記したとおり、アリの人々は驚くほど多種の作物を栽培しており、多彩な食生活をしているのである。ただし、重田氏は記しているが、時期によって、また村が位置する高度(標高)によってエンセーテの利用はもっと増えるであろうという。

アリの人々が、多種の作物を栽培、利用し、またエンセーテだけについて見ても幾つもの品種を栽培しているという事実を見ると、これは全体として食糧の安定供給を狙った意識的な戦略のように見える。いずれかの作物のできが悪いとしても、他の作物のできがよければ供給は安定するからだ。ところが、重田氏がアリの人々に聞いて確かめてみたところでは、供給を安定させるためだといった答は全く得られなかったというのである。要するに、事実として人々は多種多様な作物を作っている。これはヒトと植物とが相互に作用しあい、相互に依存しあってきた結果としてこうなったのだろうというのが重田氏の結論であり、この結論は実に興味深いものだと思う。ヒトが植物に依存して生を可能にしているだけでなく、当然、栽培植物も人間からの働きかけによって生を可能にしており、その働きかけの中で種類を増やしてきたらしいのだ。

少し話を戻すが、テフを材料に作られるインジェラについてその形態や食べ方を見ると、私が主張しているアフリカの食の三大特色からは大きく外れることを記した。エンセーテの利用についても、それをパンとして食べる場合は、私の主張とは少し外れるようである。エンセーテの澱粉から作られるパンは一度作れば、その後、一週間ほどもの間、食べることができる。つまり、冷めた状態で食べることができる。また、パンはインジェラ同様、「飲む」ものではない。しかし、練り粥としてエンセーテを食べる場合はどうであろうか。私はそれを食べたことがないので、確かなことは言えず、重田氏にいずれご教示いただきたいと思うのだが、多分、私が言うところの三大特色からそう大きく外れるものではないと予想される。

第一章、アフリカ人の食の特色を詳しく記した章において、アフリカの食は「噛む」のではなく、「飲む」ものだと強調し、その際、エチオピア南部のコンソという人々の村ではビールが「主食」になっていることを記した。篠原徹氏の報告に基づく記述なのだが、コンソ人の村では、ほとんど毎日のように、村の女性誰かが大量のビールを作り、男たちはその家に集まって、ゆっくり時間をかけてビールを飲み、これが食事代わりだというのである。これを私は、「飲む」食事の極限の形として記しておいた。その一方で、エチオピアには多彩な食材、多彩な食品、多彩な食べ方があるものだ。私が言うところの「アフリカの食三原則」から際立って外れる食事もあるわけで、エチオピアには多彩な食材、多彩な食品、多彩な食べ方があるものだ。

◉註

★1—ローレンズ・ヴァンダーポスト『アフリカ料理』、日本語版監修　江川トミ、タイム・ライフブックス編集部編集、タイム・ライフブックス社、一九七〇年、三八ページ。

★2—阪本寧男『雑穀のきた道　ユーラシア民族植物誌から』、NHKブックス、日本放送出版協会、一九八八年、一〇二—一〇三ページ。及び一五八—一五九ページ。また Takeshi Fujimoto, T'ef (*Eragrostis t'ef* (Zucca) Trotter) Cultivation among the Malo, Southwestern Ethiopia, In *Proceedings, XIVth International Conference of Ethiopian Studies*, Vol. 2, pp.767-778 を参照。

★3—松本仁一『アフリカを食べる』、朝日新聞社、一九九六年、六七ページ。松本氏は、インジェラをアフリカでもっとも洗練された食べ物だと記しておられるが、エチオピア北部の難民キャンプに取材におもむいての帰り道、たまたま見つけた食堂で運よくインジェラにありつき、勇んで食べようとしたものの、大好物であるはずのインジェラをとても食べ続けられない状況に陥ったことを記しておられる。現代アフリカの悲しい一面がここにある。その場面については、松本氏の著を直接お読みいただきたい。

★4—重田眞義「ヒト・植物関係の実相—エチオピア西南部オモ系農耕民アリのエンセーテ栽培と利用—」、『季刊人類学』第一九巻一号、一九八八年、一九一—二八一ページ。及び、Masayoshi Shigeta, Folk IN-SITU Conservation of Ensete (*Ensete ventricosum* (Welw.) E.E. Cheesman): Towards the Interpretation of Indigenous Agricultural Science of the Ari, Southwestern Ethiopia, *African Study Monographs*, Vol. 10, No.3, 1990, pp.93-197.

第七章—酒

確かなことは分からないのだが、どうもナイジェリア人らしい男で、その名を「神々の父」などといかにも大仰に名乗る男がみずからについて語るところをしばらく聞いていただきたい。

私は、十になった子供の頃から、やし酒飲みだった。私の生活は、やし酒を飲むこと以外には何もすることのない毎日でした。当時は、タカラ貝だけが貨幣として通用していたので、どんなものでも安く手に入り、おまけに父は町一番の大金持ちでした。

父は、八人の子をもち、私は総領息子だった。他の兄弟は皆働き者だったが、私だけは大のやし酒飲みで、夜となく昼となくやし酒を飲んでいたので、なま水はのどを通らぬようになってしまっていた。

父は、私にやし酒を飲むことだけしか能のないのに気がついて、私のために専属のやし酒造りの名人を雇ってくれた。彼の仕事は、私のために毎日やし酒を造ってくれることであった。★1

ヨーロッパにはガルガンチュアとか名乗る大食いで、大酒飲みの男がいたことがよく知られ、また中国にも一斗(約一八リットル)の酒をも辞さずに平気な顔で飲む人がいたようだが、アフリカの酒飲みも負けてはいない。この「神々の父」とか名乗る男は彼専属のヤシ酒造りが、毎朝採集してくる一五〇樽のヤシ酒を午後の二時になる前にすべて飲み干し、それで専属のヤシ酒造りが仕方なくまた採集に出かけ、夕方までに七五樽分を造ってくれるのを、朝までに飲み干していたというのだ。それで、彼の友達は数え切れないほどにふくれあがり、朝から深夜遅くまで、彼と一緒にヤシ酒を飲んでいたのだという。してみるとどうやら、この男は一人で全部飲んでいたというのではなく、数え切れないほどの飲み仲間たちと飲んでいたようである。仲間たちと共に飲む、それはそれで結構なことではないか。

酒は、それを好む個人にとっては疲れを癒し、気持ちの緊張をとき、やがては陶然の境地におもむかせてくれるありがたいものだ。また、それを「団体」で飲めば、互いの自我が微妙に解き放たれて、角が取れれば幻想としての連帯感を生むこともあるし、逆に角がこすれあうと、本音のぶつけあいから思わぬ亀裂を生じさせたりもする。ただ、その亀裂も「酒の上」のことゆえとして、寛大にみなされたりもする。すべては、精神の高揚をもたらす酩酊ゆえのことではある。良きにも働き、悪きにも働く酩酊というやつは、思えば不思議なものだ。これがアルコールのなせる業《わざ》である。

「神々の父」なる男も、ヤシ酒を一人で飲んでいたのではなく、数え切れないほどの飲み仲間たちと飲んでいたという。ここが大事なところなのだろう。酒は一人で飲むものではないのだ。特に、アフリカの諸社会ではそうなのではないかと思う。これからしばらく、アフリカでの酒について見ていこう。

一——酒に乏しい社会

醗酵飲料である酒は、大きく分けると醸造酒と蒸留酒の二つに分けられることは、まずたいていの人が知っている。ブランディーやウイスキーのような蒸留酒はブドウ酒やビールといった醸造酒の醗酵液（もろみ)を蒸留して造ることもよく知られている。ブドウ酒、ビールともに醸造酒ではあるが、一方のブドウ酒はブドウという果実そのものに含まれる糖分が酵母によって醗酵し、アルコール分を含んだ酒になる。それに対し、ビールの方は麦を原料とするわけだが、麦の澱粉を一度糖に変え(糖化するという)、それから醗酵を待つことになる。糖化するためにはビールの場合は麦芽の酵素の働きを借りる。いわゆる日本酒、つまり米で造る醸造酒の場合は米麹で米の澱粉を糖化させ、醗酵させることになる。このように、果実そのものの糖分を利用して、醗酵させるものを単醗酵酒といい、穀物の澱粉を糖化させて、その後、醗酵させるものを複醗酵酒というのだということを私は新しく学んだ。アフリカにも、これらすべて、つまり単醗酵酒、複醗酵酒、そして蒸留酒が、それぞれ幾つもの種類がある。

ところで、私個人がこれまで主な調査地としてきたセネガルはサハラ以南の西アフリカにおいて、早く(一〇世紀以前)からイスラム化が進行してきた地域である。モーリタニアに接する北部からイスラム化は進んだのだが、現在ではセネガル最南部のカザマンス地方でもイスラム教徒が大勢を占めるようになっている。政府が発行する公式統計などを見ても、セネガルは総人口の九〇パーセント以上、場合によっては九五パーセントの人々がイスラム教徒であるとされている。(五パーセント弱の人々がキリスト教徒であり、伝統宗教=アニミズムを信奉する人もごくわずかながらいる。)そのことと、当然関連があるわけだが、セネガルの人々は一般には酒を口にしない。イスラムではアルコール(酒)摂取は禁じられている。

第五章、セネガルの食の周辺について記した中で、嗜好品としてコラの実を噛む人が多いことを述べ、コラの実に対する嗜好は西アフリカの半乾燥地域一帯で強く、そのことは同地域では早くからイスラム化が進行し、宗教によりアルコール摂取が禁じられたことと関わっていることを記した。コラの実を噛みつぶすと強い苦味があるのだが、それには相当量のカフェインが含まれており、ちょっとした覚醒作用、習慣性がある。タバコをたしなむ代わりに、タバコ(アメリカなど外国産が多い)よりも安価なコラの実を好む人もいる。コラの実自体は、西アフリカの半乾燥地域よりさらに南の熱帯降雨林地域の産物である。ところが、この地域の人々は特にコラの実には興味を示さない。コラの実より、もっと「興味深い」ものがあり、しかもこの地域へのイスラム教の浸透は弱く、宗教による規制もないがゆえに、そのもっと「興味深い」ものの方に関心が強いからであろう。

というわけで、セネガルでは普通は日常的に酒を飲む人々を目にすることはほとんどない。といって、中東地域のアラブ国のようにアルコール販売が禁止されているわけではない。スーパーマーケットに行けば簡単に手に入る。町中の各所にある小さな生活雑貨全般を扱う小店でもビールなどが買える。外国人には購入が許されているというのではなく、セネガル人でも何の規制もなく購入は可能である。ただ、セネガル人の多くは人目を気にして、アルコールをおおっぴらに購入するのははばかられるというところだろう。ともあれ、アルコールがどこでも簡単に手に入れられるというのは、セネガルには少数派ながらもキリスト教徒がいるという事実を大事にしているからだろう。第一、セネガルではとてもおいしいヨーロッパ風のビールが現地生産されているのだ。

私はフルベ人の村(セネガル中北部)で調査をしているとき、村ではアルコールを飲んだことはない。村の若者たちは、時に二〇キロほど離れた町に出向いた折、よしずで囲って人目につかないようにした酒場に寄って、ビールや、ロゼと呼ぶなにやら薬品臭のする「ブドウ酒」を飲んでは、村に帰って仲間内で自慢したりしていた。こういった町の酒場では、日々のうさばらしゆえか痛飲する人が多く、喧嘩に至ることが多いという。ついでながら、ここに出てきたロゼとは日本でもこのごろはよく知られるピンク色をしたブドウ酒である。フランス語でのロゼ(ピンク色のブドウ酒の意)がそのまま使われている。セネガルに対してはとても失礼な記述になってしまうのだが、私が滞在していた村近くの町で飲めるロゼはとてもブドウ酒とは呼べないような薬品臭の強い、いわば悪酔い保証付きのアルコールといった代物だった。

若者たちによると、村の年寄りも日が暮れて後、自分の小屋でこっそり飲んでいるんだということだった。私自身は現場を目撃したこともないし、それらしい匂いを発する人も見たことはないのだが。私個人はといえば、村を離れて、首都のダカールに戻るとビールが楽しみだったのは事実だが、ともかく村にいる時に酒を飲んだことはない。ダカールで飲むビールも産業製品としてのビールであって、アフリカ風の伝統的なアルコール飲料ではない。フルベ人の村ではアルコールは造られていない。というわけで、私は長い間、アフリカでの伝統的な方法で造られる酒については全く知らなかった。

アフリカ「古来」の酒について、製法や味を実際に知ったのはセネガル南部カザマンス地方に住むバランタと呼ばれる人々の村でひと月を過ごした時のことである(一九八五年)。バランタ人はカザマンスの熱帯林のなかで、稲作、畑作、カザマンス川での漁業と自然資源に恵まれた生活をしている。おもしろいことに、バランタという彼らの民族名称がアルコールに関わっている。「バランタ」とは、周辺に住むマンダング人の言語で「彼らは拒否した」という意味だという。一七世紀以降、この地にもイスラムの波が押し寄せたのだが、彼らは「この地にヤシの樹がなくならない限り、(イスラム教徒になるのは)拒否する」と言ったのだという。つまり、ヤシ樹から採る酒を禁じられるのであればイスラム教徒になるのはイヤだと拒否した人々だというのだ。「俺たちは酒を飲み続けたいがために、イスラムは拒否する」といったという言い伝えが自分たちの民族名称になったというのだから、相当に「土性骨」の座った人々である。

バランタの人々はなかなかに個性的な生活を送っている。稲作(水田と陸畑の両方がある)をするのだが、整地、種まき、除草、刈り入れとすべての作業は女性がし、男性は稲作には一切関与しない。でありながら、原野を最初に水田として開拓するときにだけ男性がするために、水田の所有者は男性になっている。この所有権は父から息子へと継承される。稲作労働に当たって近隣家族などでの共同労働もせず、各家族ごとに別々におこなう。それだけではない。夫に複数の妻がいる場合、それぞれの妻ごとに独自の水田が与えられ、妻同士の間での共同労働もしないのが普通だという。二九歳から四九歳の既婚男性についての一夫多妻率は六五パーセントと大変高い。離婚した場合、女性は自分が耕作していた水田と、自分の子供も夫側に残し、

ヤシ酒採り
セネガル南部カザマンス地方のバランタ人の男が七つ道具をもってヤシ酒採りに出かける。

自分の出身村に帰る。

バランタの男性は畑作に従事している。トウジンビエ、モロコシ、トウモロコシ、サツマイモ、マニオク、カボチャ、そして換金作物としての落花生などを作る。

バランタ社会への私の滞在は短く、またその時が初めてで、むしろ予備的調査でもあった。生活の全般について概略を知ることに重点が置かれたこともあり、ヤシ酒採取について、詳しい調査ができているわけではない。酒を採取するヤシはアブラヤシ、樹高はずいぶん高く、一五メートルを超える。彼らが暮らす村のあちこちに、実に数多く生えているが、皆それぞれに持ち主は決まっている。誰が、どの木から樹液をとってもいいわけではないのだ。ヤシの葉柄からとる繊維を利用した帯を自分の腰ほどの高さでヤシの木に回し、それを両手で上へ上へと繰り上げながら、登っていく。アブラヤシの木の幹には古い葉柄の根元が幹に差し込む部分が痕として残っており、足を掛けるには便利だが、身体に傷をつけやすい。器用に登っていくのだが、帯が切れる、はずれる、あるいは足を踏み外す、ハチに刺される、時には上まであがったところで蛇に出くわすこともあるといい、落下の危険がある。ヤシ酒飲みたちの多くは、身体に多くの傷の痕を残している。樹上まで行き、ヤシが花をつける房の根元に切れ目を入れ、そこにヒョウタンを取り付けておくと、半日でいっぱいになる。畑の中に男たちがキャバレと呼ぶ飲み場がある。ちょっとした日よけの小屋があるが、要するに土の上に直接座って人々が酒を飲み、休む場だ。採取したばかりのヤシ酒をキャバレで飲む男たちの口元にまでミツバチが寄ってくるほど糖分がある。青臭さと甘みが強い。これを一晩置いておくと、甘みがやや少なくなり、アルコール分が増える。

二―ヤシ酒

これまでに記したようなヤシ酒は西アフリカからアフリカ中央部にかけての広い範囲で採取され、飲まれている。これからは、詳しい調査をなさった方々の報告をもとに、酒についてもっと詳しく見ていこう。まず、コンゴ北部の熱帯降雨林に住む赤道バントゥ系農耕民ボンドンゴ人の社会でのヤシ酒について詳しい調査をした塙狼星氏の報告★2によって、ヤシ酒の採取方法、ヤシ酒の社会的効用などについて検討してみよう。

驚いたことにボンドンゴ社会において、ヤシ酒造りは男性にとってのもっとも重要な仕事とされ、少年の頃から老人になるまで、男性たちは毎朝、毎夕、ヤシ酒を採りつづけるという。村で誰かが死亡したときでも、男たちはヤシ酒採りの日課に変更を加えることはなく、亡骸《なきがら》を埋葬するときには、ヤシ酒を採取する道具を持っていかないでくれと死者に哀願するのだそうだ。人々にとって、ヤシ酒は日々の生活に完全に根をおろしたものなのだ。

ヤシ酒はラフィアヤシとアブラヤシの二種から採取されている。ヤシ酒は白色の発泡性のある液体で、適度に甘く、清涼感のある弱アルコール飲料ということになる。それぞれのヤシについて、採取方法は大きく分けると二通りになる。ヤシを切り倒さないで、幹の上から樹液を集める方法と、ヤシを根元で伐採して、その髄から樹液を採る方法である。いずれの場合も、容器にたまった樹液は、容器や植物の表面などに付着している野生酵母により自然醗酵して酒になる。

アブラヤシの樹上、樹冠部の葉柄基部に生じる雄花序を切り、そこにヒョウタンを取り付けて樹液を採取する。花序を切るだけならヤシは枯れないで、続けてヤシ油のもとになる実もつけるし、酒の採取もおこなえる。ただし、現在は野生化したアブラヤシが村周辺に無数にあるので、樹上に登るやりかたはせず、伐採による方法だけがなされている。アブラヤシのヤシ酒は甘い芳香があり、甘みも強い。

他方、ラフィアヤシの酒は香り、味ともにあっさりとしていて、口当たりが良く、飲みやすい。ボンドンゴの人々はラフィアヤシのヤシ酒の方を好む。ヤシは数多く生えており、村人の共有物と考えられているが、どの木を伐るかを決めるとヤシの葉を結んだものを木の下に立てて目印にする。幹の上端からクリーム色の若葉が四〜六本出たヤシが最適という。適当なヤシ樹を見つけ、樹上に登り、若葉を切り、ヒョウタンを取り付けるまでの工程は相当に手が込んでいて、作業に五日ほどもかかる。採取用の容器を取り付けた翌日から実際の採取がはじまることになる。朝方と夕方の二度採取する。樹液は半日から一日で醗酵し、酒になる。しかし、朝方には普通半リットル入りの容器に一、二杯飲むだけで、ほとんどは夕方に採取する。

一本のヤシから一、二ヶ月間はヤシ酒を採取できる。一般に男たちは一人で二本から四本のヤシ樹から同時に採取するという。酒が採取できなくなったヤシ樹は放棄されるが、放棄されたヤシ樹には、酒の採取口からアフリカオオゾウムシ、カブトムシが侵入し、卵を産む。そして、この卵から孵化した幼虫はボンドンゴの誰にとっても大好物で、また貴重な蛋白源になっている。人々はヤシ酒を採取するかたわら、枯れたヤシ樹に耳を当てる。幹の中で幼虫が動く音を聞きつけると、ヤシ樹を切り倒して幼虫を採集する。そうして、幼虫は生で食べたり、ヤシ油で炒めたり、マニオクの葉などと一緒に煮込んだりして食べるという。

ボンドンゴの人々は主に夕方にヤシ酒を採取する。ヤシの樹液にはかなりの糖分が含まれており、それが醗酵することによって酒になるわけだが、醗酵開始から二四時間たつとアルコール度数は三～四パーセントになる。しかし、樹液は徐々にしみだして来るわけだから、採取直前にしみだした樹液は醗酵が進んでいないことになり、夕方に飲まれる酒はアルコール度数としては一～三パーセントという。甘く、口当たりの良い弱い酒ということになる。しかし、これを一晩置いておくと、醗酵が完全に進み、アルコール度数は強くなるが、同時に苦味を帯びたり、酸化して酸っぱくなったりするので好まれない。もっとも、適度の苦味がある酒の方がアルコール度数は高いわけで、男性の中にはこちらの方を好む人もいる。そういった人は「甘い酒は女子供の飲むものだ」というそうだ。実際、ボンドンゴ社会では子供も幼いうちからヤシ酒を飲みなれているし、もちろん女性も飲む。

塙氏は、調査中の二九日間、ある男性について二本のラフィアヤシからのヤシ酒採取量を調べている。この間の採取量は朝方が三三リットル、夕方が二二八・五リットルで、計二六一・五リットル。これはヤシ樹一本あたりにして、一日で四・五リットルの酒が採取できたことになる。すでに記したように、男性たちは一人が二本から四本のヤシ樹を同時に利用するので中間を取って三本とすると、男性一人あたり一日一三・五リットルの酒を採取していることになる。ヤシ酒一リットルを飲むと四〇〇キロカロリーの熱量が得られるとすると、一三・五リットルの酒で五四〇〇キロカロリーの摂取が可能である。成人の家族五人として計算すると、ヤシ酒だけで一人が一〇〇〇キロカロリーほどを酒で得ていることになる。ヤシ酒はカロリーを与えるだけではなく、蛋白質、ビタミンC、ビタミンB、カリウム、乳酸菌などの栄養分をも含んでいる。要するに、酒は人々の日々の栄養源として重要な役を果たしているのである。

三——酒の役割

第一章、アフリカの食文化の特色を記した章において、アフリカでの食事は「食べる」というより、「飲む」ものだと記し、その「飲む」食事の極限の形としてエチオピアのコンソ社会ではモロコシとトウモロコシで造られるビールが「主食」になっていると記した。コンゴのボンドンゴ社会でのヤシ酒が日々の栄養源として重要だということに気付くと、コンソ人の「主食」がビールであるというのも決して大げさな話ではないことが分かってくる。実のところ、アフリカの相当に多くの社会で酒は栄養源として飲まれているのだ。ボンドンゴの人々が、毎日、ヤシ酒の採取に時間を割くのは、ただ単に「酔っぱらいたい」がためだけではない。ヤシ酒採取は日々の生産活動の一環としてなされており、採取された酒を飲むのは、ただ単に陽気になるためであったり、憂さを忘れるためというのでは全くなく、要するに食事の一環としてなされているわけである。だからこそ、ボンドンゴ人は文字通り赤ん坊のときからヤシ酒を飲み始めるのである。

酒については、もう一つ大事なことがある。一人で飲むのは「反則」だという点である。ボンドンゴではディンゲルと呼ばれる男性の社交場で、人々と一緒に飲むのがよい。しかも、その場にいる人たちは互いに酒を与え合い、分け合う。ヤシ酒は、その場にいる人に自発的に分け与えて、共に飲むべきものなのだ。人々のつながりは、こうしていっそう強められる。ヤシ酒を売れば現金が手に入る。こうして手に入る現金は魅力あるものに違いない。しかし、夕方に大量に採取されるヤシ酒は売るのではなく、皆で飲みあうためのものとされている。

酒は個人の身体を養う栄養源であると同時に、社会の紐帯を強めるためにも重要なのであり、人々は確実にそれを認識している。それと関連していようが、酒(特に、後に述べる雑穀で造るビールについて)は畑作業などでの共同労働への謝礼として参加者にふるまわれることが多いものである。

次に、これは確信を持って言えることかどうか少々疑問があるのだが、多分、アフリカの多くの地域での酒の飲み方として共通していると思われることがもう一つある。それは、飲むときは酒だけを飲むのであって、食事時の飲み物として酒が供されるのではなく、またいわゆる「肴」として何か他のものを食べながら、それにあわせて酒を飲むのではないという点である。それゆえかどうか、一般に酒を飲む人たちは大量に飲む。「食事代わり」なのだから、という意識がどこかにあって飲んでいると思わせるほどに大量に飲むことが多い。

すでに記したように、イスラム教徒がほとんどであるセネガルにおいて、酒を飲まない人たちのなかには、酒飲みをひどく非難し、さげすむかのような態度を見せる人が多い。なぜ、酒はかくも非難されるのか。むろん、宗教の教えによって禁じられているからという理由はあるのだが、それとは違った面もあるように思う。やや大げさに言えば、酒を飲む際の「行動規範」のようなものがあるか否かということに関わっていると思う。言い換えると、「酒飲みの文化」とでもいうものが確立していないがために、飲みだすと度を越しやすいという事実が多々あることに関わっているかと思う。もっとも、飲みだすと度を越すというのはアフリカに限ったことではない。私個人についても、他人のことを言えた義理ではないのを深く承知の上なのだが。

要するに、アフリカの「酒を飲む社会」では、食事代わりに酒を飲むという事実に関連して、一般に人々は大量に飲む。ヤシ酒、あるいは後に述べるモロコシなどを原料にした地ビールは、いずれもアルコール濃度としてはさほど強くはない。度数が高くても三度から七度ぐらいではなかろうか。これなら腹がくちくなるほど飲んでも陽気にこそなれ、悪酔いして大暴れするほどにはなるまい。ところが、村落部の日々の生活でこのような飲み方をしている人が都会に出てきて、産業製品としてのビールなり、ブドウ酒、あるいはウイスキーを飲む機会がある場合、村での飲み方と同じように、それだけを食事もせずにひたすら飲むことになりやすい。結果として、悪酔いに至る。それを目にするイスラム教徒たちは酒飲みに対してとても否定的な評価を下すことになる。こういった道筋ではなかろうか。もっとも、繰り返しになるが酒を飲む時の「行動規範」などというのは、言語矛盾と言われるかもしれない。規範を脱したいがために酒を飲むのだといわれれば、ここでの私の立論は根拠を失う。

四——ヤシ樹を伐り倒して酒を採る

ヤシ酒の採取は、一五メートルから二〇メートルほどもあるヤシ樹の頂上部に登って採取する方法があるが、ヤシ樹を伐り倒して樹液を採取する方法もある。私自身はセネガルでは見たことがないのだが、伐り倒してからのヤシ酒採取は地域によっては少しも珍しい方法ではないようだ。コンゴ共和国、コンゴ川(旧ザイール川)の上流部、アフリカ大陸のほぼ中央部といってもよい熱帯降雨林に暮らすソンゴーラ人や、ソンゴーラからは少々離れているが、やはり熱帯降雨林に暮らすンガンドゥ人の社会でのヤシ酒採取は基本的にやはりアブラヤシとラフィアヤシの二種からなされているのだが、ヤシ樹を伐り倒すやり方のほうがより一般的だという。★3どのようになされるのかを見ておきたい。

斧でヤシの根元を伐って倒し、翌日そのヤシのすべての葉を葉柄の元のところで切り落とす(アブラヤシの場合)。幹の根元の方から葉柄を切り落としていくと、最後に白くて柔らかい先端部が現れる。ここに土鍋をセットして、しみだす樹液を受けることになる。ラフィアヤシの場合は、アブラヤシの場合と方法が少し異なり、倒す前に幹の根元の部分に直径二〇センチほどの穴を開け、そこで火をたく。こうすると酒になる樹液が上にあがって、酒が多くとれるという。その後は、アブラヤシを伐り倒すやり方と同様にする。

ヤシ樹の切り口としみ出す樹液を受ける土鍋は植物の葉やアブラヤシの樹皮で包んでおく。樹液の甘い匂いに誘われて来るハチやアリの侵入を防ぎ、ほこりが入るのを防ぐためである。土鍋には、こうして樹液が常にしみ出すことになるが、毎日、朝、夕の二回、土鍋にたまった酒をヒョウタン容器などに集める。そのたびごとに、ヤシの茎頂を削りなおす。そうしないと、削り口には固形物がたまって、樹液が出なくなるからである。

このやり方だと、一本のアブラヤシから、はじめのうちはビール瓶(七二〇ミリリットル)で一日三本から四本分の酒が採れる。樹液が多い株の場合、朝、夕にビール瓶七本ずつも採れるという。次第に採れる量は減るが、酒を採りつくすまでに二週間から四週間ほどももつというから驚く。ヤシの木は実に多くの樹液を体内(茎)に潜めているのだ。

樹液を採れなくなったヤシ樹には、その後、二週間ほどするとアフリカオオゾウムシの幼虫が発生する。斧で幹を割っては、この幼虫を取り出す。ボンドンゴ人同様、ソンゴーラの人々もこの幼虫が大好物で植物の葉に包んで蒸し焼きにして食べる。やはり、蛋白源として大切なのである。

五―地ビール

これまで見てきたようにヤシ酒の採取は男性たちがおこなうものであるのに対し、モロコシやトウモロコシなどを原料に造られるビール造りは女性の仕事としてなされる。これはなぜだろう。ヤシ酒の場合、採取した後、いわば放置しておけば醗酵が進み、酒になるのに対し、ビールの場合、煮るという工程が入る。多分、この「煮る」工程、これが女性の仕事と結び付けられているのだと思う。

モロコシを原料にする場合、まず二日間モロコシを水に浸けておき、その後でまた二日間、むしろを掛けて寝かせておく。するとモロコシから白くて細い芽が出る。もやしである。これを日に干し、乾いたところ

ビール造りのかまど
モロコシでビールを造るかまど。
これはブルキナファソで見たもの。

で臼で搗き、砕く。搗いたもやしを水に混ぜ、ぐじゃぐじゃにつぶれたもやしが沈殿したところで、上の水をすくって別の大きな甕《かめ》に入れておく。沈殿したもやしの方をよく煮て、とりわけておいた水に混ぜる。ここまでの工程を夕方までにするとして、翌朝、少し舐めてみて渋い感じになっていればよい。この濃いアメ色の液を全部大甕に入れて、二、三時間ぐつぐつと煮る。煮た後、草で編んだ大きな漏斗型のろ過器にあけ、下の甕に受ける。★4味をよくするための細工があるが、以上が西アフリカ、ブルキナファソのモシ人社会でのビールの基本的な造り方ということになる。できた翌朝が飲み頃であり、その日と次の日ぐらいまで飲めるが、それ以降はおいしくはなく飲まない。

モロコシをはじめとする雑穀は、これまでにも繰り返し記したとおり主としてサバンナ地域において日々の食事の主食となる重要なものである。しかし、モロコシは同時に酒造りの原料としても大変重要であり、ブルキナファソの一部地域ではモロコシ生産量の約半分が酒として消費されているという。

スーダン南部のアチョリ人社会でもモロコシ、トウモロコシ、トウジンビエなどを原料にビールが造られるが、その方法は次のようである。モロコシ、トウモロコシなどの雑穀を壺に入れて水を満たし、吸水させる。一昼夜おいたら、水を足してやるが、そのときかまどから灰をとってきて混ぜる。三日目に壺から出して庭先の日陰地面に広げ、上からバナナの葉をかぶせて光にあてないようにする。そうしてさらに一昼夜おくともやしができている。このもやしを庭に広げて乾かすと保存できる。これを石臼で挽いて粉にするとさらに長期の保存が可能になる。酒壺にこの粉と水を加えて数日おいておけばアルコール醗酵した飲み物になる。ただし、これでビールとして完成したわけではない。これにモロコシなどの粉を足して、乾燥させ、再度臼で搗いたものが酒の素になる。この酒の素を沸騰させた湯の中に少しずつ入れて練り、最後に水を加えた後、火からおろしてバナナの葉で蓋をして二晩おいておくとモロコシ酒ができる。このモロコシ・ビールは布で濾して飲む。濾した後に残る酒粕にもう一度水を加えて弱い酒を造ることもできる。★5

六――バナナの酒

バナナ生産量の多い熱帯降雨林地域ではバナナ酒も造られる。狩猟採集を主とするピグミーが住むことでよく知られるコンゴ北東部に位置するイトゥリの森(次の第八章を参照)がサバンナと接する境界域には農耕民であるレッセと彼らと共生的な関係にあるピグミー、エフェが住んでいる。レッセの人々はバナナ酒を造る。第八章でその著作に主に依拠することになる市川光雄氏同様、コンゴの狩猟採集民研究に詳しい寺嶋秀明氏が報ずるところのバナナ酒製法は次のとおりである。

醸造酒を造るためには熟したバナナが原料になる。製法は至って簡単で、「舟」と呼ばれる丸太をくり抜いて作った舟型の大きな容器に熟したバナナを潰して入れ、それに適当な量の水を加えて、数日間放置すれば、それで自然醗酵して酒ができる。この状態では甘みと酸味が同居している。醗酵が進むと酸味がより強くなる。

面白いのはこのバナナ酒の売り方で、二〇リットルは入ろうかという大きな鍋を単位にして売るというのである。人は大鍋一杯、二杯という具合にバナナ酒を買う。大鍋に入った酒が買われると、男たちがその鍋の周りに集まり始める。酒を買った人、つまり今や酒の所有者がヒョウタンの柄杓で大鍋から酒をすくい取って、順繰りに振舞っていく。コップを受けた人はゴクゴクと喉を鳴らして一気に飲むという。バナナ・ジュースといった感じの甘いものだが、たくさん飲むと気持ちがよくなる。もっと飲むと酔いはじめる。こういった酒は、畑の開墾を頼んだときなど、謝礼としての振る舞い酒に使われることが多いようだ。その状況を知ると、二〇リットルも入るような大鍋を単位に酒が売られるというのもよく分かる。★6

このバナナ醸造酒をもとに蒸留酒も造られる。蒸留されるとアルコール度は当然増し、バナナの香りのついたなかなかかぐわしい酒になるようだ。

七――蒸留酒

アフリカでの酒は「食事代わり」に飲まれるという性格がうかがわれることを記した。しかし、雑穀を原料にしたビールを造る際のもろみを原料に、蒸留酒も造られている。[★7]こちらは、さすがに「食事代わり」に飲むわけにはいかないだろう。蒸留酒なるものが、いつごろから造られるようになったのか。人々の昔からの伝統的な生活の中ですでにあみ出された方法なのか、あるいは西欧人と接した後に取り入れられた製法なのか、今ひとつはっきりしない。

蒸留酒の製法は基本的にもろみに水を混ぜ、それを熱して、気化した蒸気の中のアルコール分が冷やされ、再び液体になるのを集める方法だ。ヨーロッパでなされている方法と基本原理は同じである。蒸留酒製造装置をフランス語ではアランビクというが、これはアラビア語の「アル・インビク」を語源とするという。ブドウ酒から造るブランディーもアラビア文化を淵源とするというから、[★8]古アラビアにおいて蒸留酒が造られていたとすると、アフリカへの伝播もヨーロッパ人との接触以前のことなのかもしれない。

蒸留酒となるとアルコール度数は当然ながら高く、二〇パーセント以上になる。こういった蒸留酒を飲めば、もちろん酔う。しかし、蒸留酒についても食事の前に少しいただくといった趣ではなく、午後の休息時、あるいは夕食後に人々が集まって飲むという感じである。ここでも、酒を飲むときはそれだけを飲むという「原則」が守られているようである。もし蒸留酒の製法が比較的新しく導入されたのだとすると、その飲みかたについてヤシ酒やモロコシビールなどの醸造酒に関わる飲み方、つまり「食事代わり」と同じように飲むのはまずいのではなかろうか。

蒸留酒は確かに「危ない」酒ではある。しかし、男同士がじっくり座って話し込むときの道具になる場合があるともいう。コンゴ共和国東部のキブ湖畔の人々がバナナを原料に造るカシキシという醸造酒を蒸留するとカニャンガと呼ばれ、一部の人からは「悪魔の水」といわれもする強い焼酎になる。カシキシ（醸造酒）の方は冠婚葬祭の儀礼、あるいは子供の誕生はもとより入学祝いなどに際して、当事者が人々に必ず振舞わねばならないものであり、それは人々を陽気にし、歌や踊りを誘い出し、その場の雰囲気を盛り上げる。しかし、カニャンガ（焼酎）の方はうかつに飲むと悪酔いのもとになる強い酒である。この強くて、危ない酒が、場合によっては男同士のしんみりした話し合いの場には有効だというのだ。★9 山極寿一氏による報告を読むと、この人々は酒の飲み方を充分にわきまえているという観が強い。あるいは、蒸留酒はアフリカのある地域では、古い昔から知られており、飲まれ続けてきたのかもしれない。

アフリカにはこれらの酒の他、エチオピアの食について記した章で述べたエンセーテというエチオピア西南部だけで栽培されているバナナに似た植物から造られる酒がある。エンセーテはその果実を利用するのではなく、茎の根元、及び根茎に蓄えられている大量の澱粉を食用に利用する。この澱粉を原料に、それにトウモロコシやモロコシを発芽させ、乾燥させて搗き砕いたものを醗酵材料として酒を造る。また、エンセーテの花が咲く直前の状態のものをすりつぶして造る酒もある。こちらの方がおいしいのだという。エンセーテの花はめったに咲くものではないから、その花を利用した酒造りは誠に希少価値を持つものである。

さらに、希少価値という観点から珍しいのは、タンザニアのある地域に特殊に見られる竹が造る酒がある。竹を原料に酒を造るのではなく、竹に酒を造らせるというものだ。ある特殊な竹のタケノコの頂上部を切り、そこから滲み出す液が酒になるというのである。エンセーテの花の酒、竹の酒、そしてアフリカ各地で見られるさまざまな酒について『酒づくりの民族誌』★10に紹介されており、ご参照いただきたい。

◉註

★1―エイモス・チュツオーラ『やし酒のみ』、土屋哲訳、晶文社、一九九八年、六ページ。

★2―塙狼星「表現手段としてのやし酒 ―焼畑農耕民ボンドンゴの多重な世界―」『続・自然社会の人類学 変貌するアフリカ』、田中二郎・掛谷誠・市川光雄・太田至編、アカデミア出版会、一九九六年、三三九―三七二ページ。

★3―安渓貴子「中央アフリカ・ソンゴーラの酒つくり―その技術と生活誌―」『アフリカ 民族学的研究』、和田正平編著、同朋舎、一九八七年、五三三―五六五ページ。及び 武田淳「熱帯森林部族ンガンドゥの食生態―コンゴ・ベーズンにおける焼畑農耕民の食性をめぐる諸活動と食物摂取傾向―」『アフリカ 民族学的研究』、和田正平編著、同朋舎、一九八七年、一〇七一―一一三七ページ。

★4―川田順造『曠野から アフリカで考える』、中央公論社、一九七六年、八〇ページ。

★5―重田眞義「大地の恵みを飲む―アフリカの雑穀の酒―」、『酒づくりの民族誌』、山本紀夫・吉田集而編著、八坂書房、一九九五年、八三―九〇ページ。

★6―寺嶋秀明『共生の森』熱帯林の世界⑥、東京大学出版会、一九九七年、八二―八四ページ。

★7―蒸留酒の製法について、例えば安渓貴子、前掲書、一九八七年に詳しい記述があり、参照されたい。

★8―ジャック・バロー『食の文化史』(山内昶訳)、筑摩書房、一九九七年、二三二―二三四ページ。

★9―山極寿一「サタンの水―中央アフリカ・キブ湖畔の酒―」、『酒づくりの民族誌』、山本紀夫・吉田集而編著、八坂書房、一九九五年、九一―九九ページ。

★10―山本紀夫・吉田集而『酒づくりの民族誌』、八坂書房、一九九五年。

第八章――狩猟採集民の食

アフリカには、二つの大変異なった自然環境の中で暮らす狩猟採集民がいる。一方の人々はアフリカ西南部、ナミビアからボツワナの両国にまたがって広がるカラハリ砂漠を生活域としているブッシュマンであり、他方はアフリカ大陸中央部コンゴ民主共和国のイトゥリの森に暮らすピグミーである。ブッシュマンは数ヶ月も続く乾季の間は地上表面水は得られないというほどの過酷な砂漠を生活域にしている。他方ピグミーが住むイトゥリの森は熱帯降雨林そのものだ。かくも異なった二つの自然環境の中での日常はどのように営まれているだろうか。

一―ブッシュマン、ピグミーという呼称について

ブッシュマン(Bushman)、ピグミー(Pygmy)という呼称は共に英語であり、もちろん各々の当該民族自身が口にする自称ではない。ブッシュマンといえば「藪の人」ということになる。他方のピグミーは背丈が成人しても一五〇センチ以下である種族の人々一般について用いられる語だ。人種的に背丈の低い人々について用いられる用語であるからして、ピグミーと呼ばれる人間集団はアフリカだけではなく東南アジア、インド洋のアンダマン島などにもいる。「藪の人」という言い方にせよ、「背丈の低い人」という言い方にせよ、民族の呼称としては共に礼を欠く、と言うべきである。その観点からブッシュマンについてはサンと呼び、ピグミーについてもそれぞれの集団の自称を用いることもある。ただ、サンという語自体も当該民族自身の自称

ではなく、近隣に暮らす人々（ホッテントット人）が呼ぶ名称なのだという。しかもこのサンというホッテントット語での呼称にはおとしめの意が込められているといい、事情は厄介である。さらにブッシュマンと総称される人々の中には幾つものグループがあり、それぞれに自称が異なるという事情も関わって、牧畜を主とする人々を「牧民」、農耕を主とする人々を「農民」、さらには「山の民」、「海の民」といった表現があるのに倣い、自由な草原を主な生活域にする人々という意味で、「藪の民＝ブッシュマン」と呼ぶことも可能であろう。★1「藪」というと閉ざされた、外部との関わりの少ない空間という印象を与えるが、ブッシュマンが暮らす「藪」は閉ざされているどころか、広々とした自由な草原なのである。その自由な領域に視点を置くことで、ブッシュマンという呼称をむしろポジティブに捉えなおす方向に研究者たちの目は向けられている。か

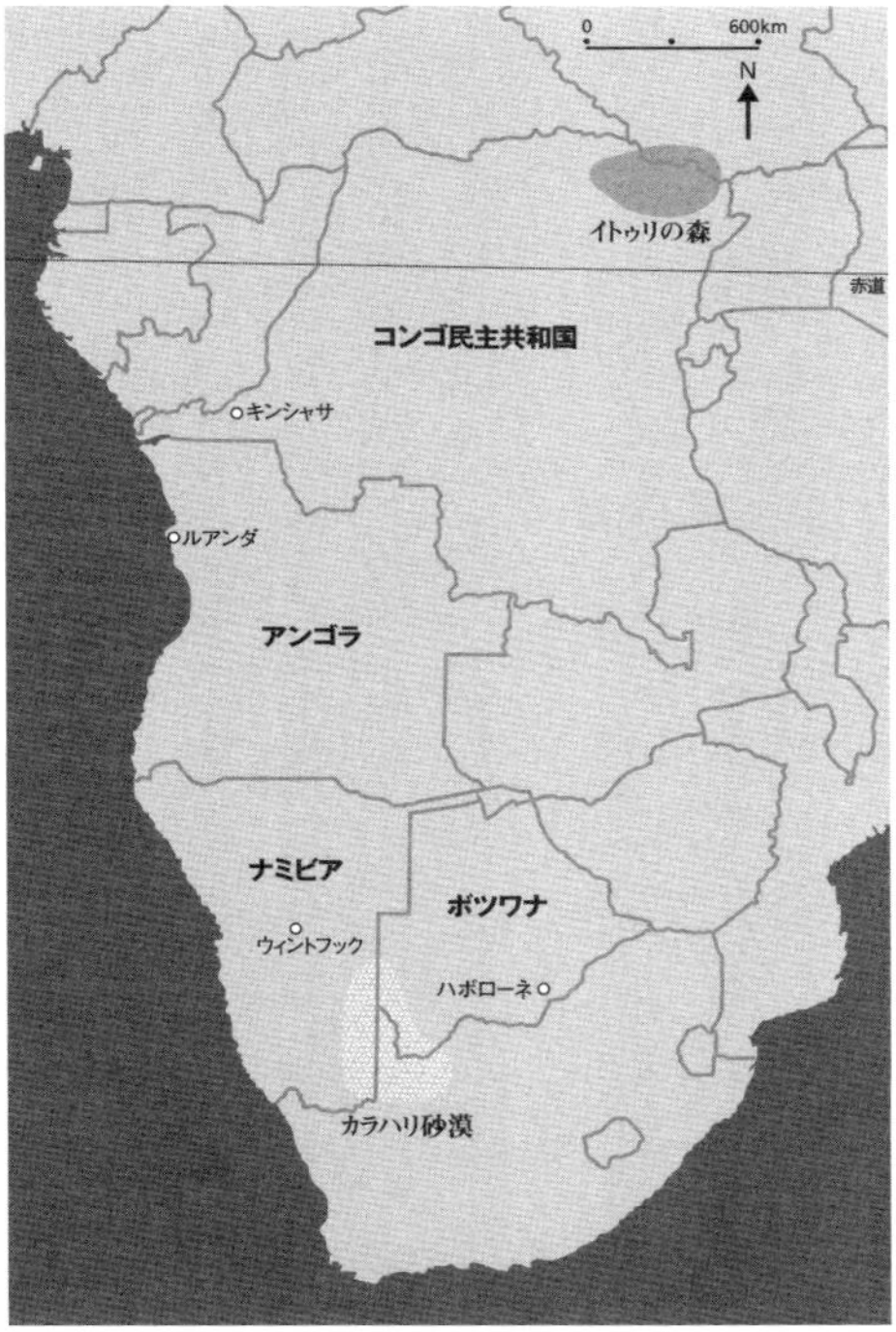

アフリカ南西部諸国とその首都、赤道、熱帯降雨林イトゥリの森と乾燥のカラハリ砂漠を示す。

つて、カラハリに足を踏み入れた白人たちによってブッシュマン（藪の人）と蔑みの視線をもって称されはしたが、その白人たちに果敢に抵抗し、自分たちの自由を守った人々としてブッシュマンという呼称を逆手にとって使おうという考え方がむしろ優勢になっているようである。すでに二〇年以上にわたってブッシュマン研究をしておられる菅原和孝氏も最近の著において、その立場をとっておられるし、[★2]ブッシュマン研究の泰斗である田中二郎氏も同様である。ピグミーの場合は、当該の人々自身の自称を付け加えて、例えばムブティ・ピグミーとか、アカ・ピグミーなどと呼ぶのが慣例として定着しているようである。

二―ブッシュマン、ピグミーにとっての食のあり方

すでに略述したとおり、ブッシュマン、ピグミーという両民族の人々が暮らす自然環境はほとんど対極的にというほどに異なっている。ブッシュマンが暮らすカラハリ砂漠は雨の全く降らない完全な「砂漠」ではないが、年間の降雨量は四〇〇ミリ程度、しかもこの雨は一二月から三月の雨季の間に集中して降る。その他の期間は長い乾季である。したがって植物相は豊かではないし、動物も乾燥に耐えうるものが棲むことになる。食糧が豊かな世界とはとても言えない。

それに対し、ムブティ・ピグミーが住むコンゴ、イトゥリの森は熱帯降雨林とサバンナ地帯との境目ぐらいに位置し、降雨は頻繁であり、四月から一一月までの雨季には三日に二度は激しい雷雨があるというところだ。激しい雨季の間、森の中では絶えず高い木々から水滴が落ち続けているという世界である。私自身は訪れたことはないのだが、こういった説明を読んだだけで森の様子、木々の高さ、その高い樹高のそちこちから滴り落ち、散り敷いた木々の葉を叩く水滴の音が聞こえてくる。植物の恵み、魚類や昆虫も含めての動物相は誠に豊かであり、やや大げさに言えば食物倉庫の中で暮らすようなものである。ブッシュマンとピグミーという両民族はこれほどに大きく異なる環境に暮らす人々なのであるが、食に関して共通していることがある。

その一つは、一般に彼らは狩猟採集民といわれ、狩猟で得られる食物、つまり動物の肉を多く食べている

かの印象を与えやすいが、実際はそうではないと言うことである。ちなみに、ブッシュマンの人々は自分たちの「真の食べ物」は肉だというそうだが、彼らの日々の食べ物を仔細に調べてみると、全食糧のうちほとんど八割ほどもが植物性食物だというのである。「真の」というのは味がおいしく、自分たちにとって誠に好ましいという意味であって、「主要な」とか、ましてや「真の、したがってそれ以外は食べ物とは考えていない」などという意味ではないのである。しかも、彼らの全食糧の八割を占めるという植物性食物を採集する主たる人は女性なのである。

他方、森に暮らすピグミーの人たちは確かに狩猟に特化しており、自分たちの日々の活動としては動物の猟が主である。しかし、そうして得た動物の肉を農耕民の村にもって行き、農産物と交換している。やはり、彼らの食糧の六割ほどは植物性食品であり、動物の肉などは四割ほどだという。こうして見ると、狩猟採集民というよりは、どうも採集・狩猟民と採集の方を先に出して表現する方が適当とも考えられる。英語でも、かつてはハンター・ギャザラーズと狩猟を先に出した呼び名が主であったが、この頃ではフォリジャー(forager=採集を主とする人々)と呼ばれることが多いようである。本書では、一応、狩猟採集民と記しておくが、ブッシュマンやピグミーといった呼称の使用ともども、意のあるところを汲み取っていただきたい。

狩猟採集民の食の特色として指摘されるもう一つの重要なことは、ブッシュマンであれ、ピグミーであれ、狩猟や採集によって得られた食糧、特に狩猟によって得られた食糧については共に暮らす人々の間で実に徹底した分配がなされているということである。この点については、狩猟採集民社会について調べ、報告している研究者たちが繰り返し強調しており、そのことから狩猟採集民の社会は「平等主義的」な原理で動いているとしてよく知られている。ある集団の中で、一部の人々は充分に食べ、それに対して他の人々は飢えに苦しむという状態は起こらない。いわば、食糧が豊かなときにはすべての人が同様に食べ、食糧が欠乏する時期にはすべての人が同様に飢えを感じる、そのような日々を送っている。もちろん、このことには狩猟採集民の集団の規模が小さいということも関わっている。一つの集団は少なければ五〇人以下、多くても数百人の規模である。そういった小さな集団だからこそ、食べ物の分配は整然となされているともいえる。しかし、そこには集団を律するある原則が機能しているのである。それについては、後に詳しく記そう。

今ここで、ある時期にはすべての人が同様に飢えを感じると記したが、この点についても注意が必要だろう。確かに、乾燥した砂漠のようなカラハリに住む人々の間では食糧が乏しくなる時期がある。食糧の乏しい時期には腹をすかすことも多い。それに、比較的豊かに食糧がある時期においても、蓄えるということはなく、その日、その日で食糧を得て、その日、その日にそれを消費して暮らす。

他方、「食糧倉庫」のような森に暮らすピグミーの人々にしても、獲得した食物は原則的にその日のうちに食べてしまい、翌日には再び食糧探しをしなければならない。蓄えるということにはほとんど無縁である。たまさかに象を倒すと、大量の肉が手に入り、人々は喜び、数日間は肉を満腹するまで食べ、歌い、踊る時間を過ごすという。ただし、象を倒すなどというのは文字通りめったにあることではない。ピグミーの人々は「食糧倉庫」の中に暮らすがゆえに、蓄える必要そのものがなく、その日、その日に新鮮な食物を手にし、それを料理して食べる方が理にかなっているともいえる。

蓄えず、その日に得た食べ物をその日のうちに消費するという意味において、狩猟採集民は日々、「手から口へ」の生活を送っていると言って誤りではない。しかし、ここで注意が必要なのである。「手から口へ」という表現はもともと英語での表現であり、それは物質的にひどく貧しい生活を意味する表現である。蓄えがないことを意味している。言い換えると、蓄えが安定に結び付けられ、蓄えることに大きな意味が込められた表現なのである。現代の産業社会に生きるわれわれは蓄えを作り、それを増やすために日々あくせくと働いているとも言えるのだ。

ひるがえって、日々「手から口へ」の生活を送っている狩猟採集民社会を調査した研究者たちの報告を読むと、人々の生活には「あくせく」と働いている様子がうかがえないのである。蓄えをもたず、その日に食べる食べ物を求めて「あくせく」しているはずの人々が、じつは例えば産業社会に生きるわれわれのように日々、少なくとも八時間、通勤時間を入れれば一〇時間ぐらいは働く生活に比べると、はるかに余暇時間の多い生活をしていることが実証的に分かっているのである。

カラハリ砂漠に暮らすブッシュマン調査の先駆者である田中二郎氏が記すところを見ると、人々は「夜はたっぷりと眠り、おまけに日中の多くの時間を寝ころんだり、おしゃべりをしたり、のんびりとくつろいだりして過ごし、食物を手に入れるために外出するのは、平均すると一日四、五時間に過ぎなかった」というのだ。食物の少ないはずの砂漠地域に暮らすブッシュマンがである。北部カラハリのブッシュマンについて田中氏とほとんど同じ時期の一九六〇年代半ばに調査したリチャード・リー教授によると、その地域のブッシュマンは週のうちわずか二日半しか外出せず、その労働時間は一日平均になおすと、せいぜい二時間か三時間にしかならないというのである。[★3]キャンプで弓や矢の製作や手入れをしている時、あるいは友人同士であそこに行けば獲物が獲られそうだといった情報交換をしている時、それらは労働時間として計算されているのかどうかといった問題はあるが、それにしてもこの余裕をどう考えるか。考え方にもよるだろうが、狩猟採集民がゆったりとした生活を楽しんでいるという事実、これは否定できないだろう。

さて、ここまで記してきたところで、そろそろ白状しておきたい。私は、本書全体の記述においてアフリカの食の特色として三点を挙げ、まず主食と副食の混合形態を述べ、次いで「噛む」のではなく「飲む」こと、そして熱くなければならないことを強調してきた。これらの特質はじつのところ狩猟採集民の食にはとてもあてはまりそうにないのである。カラハリ・ブッシュマンの主として食生活を調査した今村薫氏によるとブッシュマンの料理には「主食と副菜の区別とか、肉と野菜を一緒に煮たシチューというような種類はなく、すべて単品で食べる」★4とある。ピグミー社会を調査した市川光雄氏の著『森の狩猟民』(人文書院)は読み直すたびに名著であることを実感させるものだが、その著を見てもピグミーの食はブッシュマンのそれ同様、基本的には「単品」で成り立っていることが分かる。ピグミーの場合、驚くのは季節によって大量に採れる蜂蜜ばかりを食べる時期さえあるというのだ。この期間中、重量にして約七割を蜂蜜が占める食事をするというのである。★5狩猟採集民の食は基本的に肉なら肉を大量に、根茎類(イモ)なら根茎類ばかりを、蜂蜜なら蜂蜜を大量に食べる。言い換えると、その時にある食物を集中的に食べるということだろう。また、焼くと煮るが料理の基本であり、臼と杵で「搗く」はない。しかるに、私が強調してきたアフリカ食の特色である「飲む」ことに関連して、料理に際しての「搗く」は不可欠であった。「搗く」、あるいは石臼で「挽く」ことによって、食物は細かく砕かれ、そのことによって口中で噛む必要がなくなり、飲みさえすればよいことになる。かくして、人手によって「搗く」が故に、それは人間の文化的行為であり、だからこそ「飲む」のが人間にふさわしいと考えられるのだというのが私が強調した論理であった。しかし、狩猟採集民の社会では「搗く」はなされない。これでは食物を「飲む」わけにはいかない。

すでにエチオピアの食の章で記したが、エチオピアの食には私がいうところの三原則が当てはまらないものが幾つかあった。狩猟採集民の食はエチオピアの食とは少し違った意味で、しかしやはり私がいう三原則からは外れるのである。

三——狩猟採集社会での平等主義について

イトゥリの森に暮らすムブティ・ピグミーの朝の様子について、市川光雄さんが印象的な記述をしている。その記述を借りてみよう。

朝の五時すぎ、誰かが起きだしてキャンプの中央のテーレ(男たちの集まる場所)にゆく。森はまだ夜のとばりに包まれている。テーレの火がぱっと燃えあがって、サランボンゴの顔を照らしだした。それにつられたのか、男が二人、小屋から這い出してきた。六時半、森が白みはじめた。テーレに坐っていた男たちが立ちあがって、ネットの準備にとりかかる。マットがわりに敷いていたネットの土を払う者、もつれたネットを巻きなおす者、破れた箇所を繕う者など、めいめいがネットの手入れをする。女たちも起きだして、朝食のキャッサバを茹ではじめた。★6

ムブティ・ピグミーはネット(網)を用いた猟をする人々として有名である。密林の中でネット(網)を使ってする猟とは、具体的にどうするのか。テニスのネットを思っていただくのがもっとも分かりやすい。ネットは森の下生えであるクーサと呼ばれるトウダイグサ科の蔓の内皮で紐を作り、それを編んでつくる。高さが一メートルほど、長さは四〇メートルから六〇メートルにも及ぶという長いネットを森の藪の中、木々の枝などに引っ掛けるように張る。それも一枚ではなく、一〇枚ぐらいものネットを連結し、全体で円形を描くように張るのである。それぞれのネットの付近にはネットの持ち主である男性が槍や棍棒を持って立つ。ネット一枚の長さが四〇から六〇メートルあるから、それを一〇枚張ると、全長は五五〇メートルほどになる。円弧を描くように張ってあるわけで、約〇・〇三平方キロメートルの面積が囲われることになる。藪の中、ある一定の広さを囲うように張っていくわけで、その面積の中に動物がいるかどうか前もっては分からない。何らかの動物がいることを予想(期待)してネットを張るわけだ。ネットを張る間、人々は口笛で合図しあうだけで、決して言葉を発することはないという。ささやき声でさえも発しない。

ネット・ハンティングに参加するのは男性だけではない。女性も参加する。一回の狩猟行に男性が一〇人前後、それよりやや少ないぐらいの女性が参加する。ネットの持ち主は男性であるが、その妻なども猟に参加し、張り巡らしたネット囲いの開口部あたりから声を挙げ、動物を追う役目をする。勢子の役割をしているわけだ。森に入っていくとき、男たちは長いネットを丸めて肩に担いでいく。キャンプからさほど遠くない場所からネットを張り始め、まず一回目の猟をし、それを終えると、ネットをはずし、丸めて肩に担ぎ、次の場所へと移動する(二五八ページの図を参照)。

ある場所を定め、ネットを張り始め、女たちが勢子として動物を追い、猟を終え、ネットをはずすのにおよそ一時間ぐらいかかるのが普通だという。これがネット・ハンティング一回ということになる。こうして場所を変えてはネット・ハンティングをし、夕方まで森の中を猟をしつつ移動する。一日に多いときには九回ぐらい、少なくても五回ほどの猟をする。雨さえ降らなければ、ほとんど毎日、ネット・ハンティングをする。面白いことに、五日ほど続けて猟をすると、その後一日、二日休むという。一日に八時間程度の労働、それを五日続けて、二日ほど休む。不思議なほど、私たちに親しい時間配分に似ている。

ネットの高さは一メートルほどだから、大きな動物であればネットを跳び越えたり、あるいは破って逃げていく。それに、ネットで囲んだ面積内に動物がいるかいないか前もっては分からないわけで、一日、ハンティングを繰り返しても一頭も獲れない日もある。このネットを用いた猟で多く獲れるのは体重三〇キロ以下の森林性のダイカー類であり、その中でも特に体重四、五キロのブルーダイカーが圧倒的に多いという。森林性ダイカーの多くは夜行性で、昼間は茂みの中に潜んで寝ているから、森の中を静かに移動するピグミーの人たちの行動に気付かないがために、よく捕獲されるのであろう。ダイカーという動物はわれわれ日本人には馴染みがない。中型の犬ほどの大きさ、全体の形からするとシカを小型にした姿に似ている。

市川さんはネット・ハンティングについて集中的に調べた二三日間の狩猟結果について記している。この間、人々は三つのキャンプに移り住み、猟に出たのは二二日で、合計一七〇回の猟をおこなった。参加人数

ダイカーを網で獲る
コンゴのムブティ・ピグミーがする網猟でネットにかかったダイカー。
写真／市川光雄

は延べ四七四人の男女であり、一日あたりになおすと平均一〇人の男と、六人ないし七人の女が、七時間ほどを狩猟に費やし、七、八回の猟をおこなっている。その間、獲物の捕獲量は合計一二四頭、重さにして八〇五キロ。一日あたりにすると平均で五、六頭、重さで三五キロほどになる。これをキャンプの平均構成員数で割ると、一人一日あたり〇・七八キログラムということになる。

さて、ここまでの記述はムブティ・ピグミーの人々がおこなうネット・ハンティングとはどのようにしてなされるものであり、その成果がいかほどであるのかということであった。見出しに掲げた平等主義とは特に

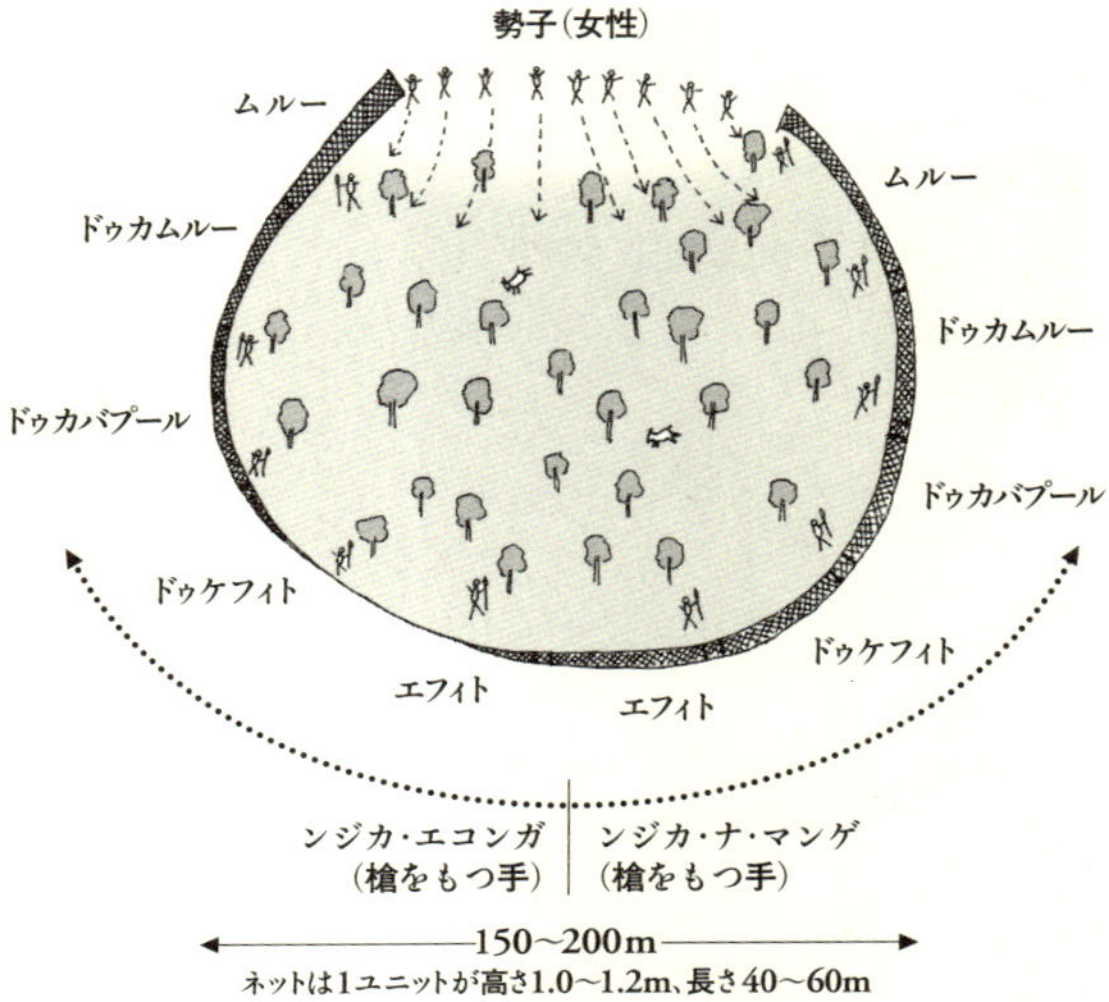

ネット・ハンティングの方法
原画／市川光雄

関わりはない。しかし、ピグミーのネット・ハンティングについて大事なことは、猟の仕方、具体的にはネットの張り方、そして獲られた獲物の分配について平等であることが重視されている点である。そのことをより分かりやすく述べるために、市川さんが示している図をもとに説明しよう。この図を見ると、ネットがどのように張られるのかがすぐ分かる。まず、エフィトといわれる一番最初に張るネットの位置が決まる。このエフィトにつなげて、二番目のネットであるドゥケフィトが張られ、さらにそれにつなげて第三番目のネット、ドゥカバプールという風に順に張られていく(図を参照)。そうすると、勢子は開口部あたりから(その中にいると予想される)動物を追うのだから、エフィトやドゥケフィトあたりのネットに動物はかかりやすく、逆にムルーの位置にあるネットにはかかりにくいと想定される。(実際に調べてみると、統計的には獲物がもっともかかりにくいのはドゥカバプールだという。)

一日のうちに、場所を移動しつつ八回の猟をしたとしよう。その場合、最初の猟でエフィトの位置にネットを張った人は、次の第二回目の猟ではドゥケフィトの位置に移動する。エフィトの位置にはムルーの位置にいた人が来る。一回の猟ごと、あるいは二、三度の猟ごとにネットを張る位置がひとつずつずれていくのである。こうして、猟に参加した人皆が、同じようなチャンスに恵まれるように工夫されている。

ネットにかかった獲物は原則的な言い方をすれば、その動物がかかったネットの持ち主の所有になる。大方の人がほぼ同じような大きさ(長さ)のネットをもち、そのネットを張る位置を順繰りに替えて猟をするのだから、結果としての獲物の量は原理的にはだいたい同じになるはずだ。しかし、時として偶然が作用し、獲られた獲物の量に大きな個人差が生じることがある。そのような場合には、猟に参加した人々それぞれの役割を考慮して配分するシステムができている。ブルーダイカーの頭部、前足、後ろ足、腿肉、胸肉、腹部など細かく切り分け、参加者それぞれの間に不平等がないように分配する決まりごとができているのである。

猟に参加した人たちが、こうして平等に獲物を分け合い、キャンプに持ち帰ると、今度はその肉のどの部分を誰に分け与えるかについて細かい規定はない。肉の所有者は、その肉を農耕民の村にもって行って農産物と交換することもできる。しかし、肉がキャンプ内で消費される場合、この肉は必ず所有者以外の誰かれに分配されるというのである。所有者が一人で独占することはない。この時点で、キャンプ内にいる人のほぼ全員に獲物の肉は分配されるという。

市川さんは、ある人がとらえた中型のダイカー、クロビタイダイカー(重さ二〇キロ)がどのように分配されたかを細かく記している。この獲物がネットにかかったとき、男が獲物の後肢を押さえ込んで合図を送ると、仲間の男が跳んできて獲物を殴り殺してくれた。この仲間の男の娘は獲物を運んでくれた。獲物を殴り殺してくれた男に胸骨部の肉を、その娘には前肢一本が与えられた。キャンプに戻ると、後足一本が仲のいい男に与えられ、首部はこの日の猟に参加した二人の少年に、胃と腸はそれを欲しいといった娘に、頭と肝臓、心臓はテーレ(男たちが集まる場所)に持参されて、男たちが食べた。結局、獲物の「所有者」である男は後肢と前肢を一本ずつ、アバラ骨三本分、尻尾、脛部分(これはネットの持ち主が食べることに決まっている)、そして生殖器だけであった。しかも前肢と後肢は農耕民のところにもっていって農産物と交換したという。

こういった「徹底した」分配を人々の「生来の」気前のよさで説明すべきではないだろう。すでに述べたとおり、ピグミーにせよ、ブッシュマンにせよ、「口から手へ」の生活をしている。蓄えることのない生活である。するとある個人にとってある日の猟は豊かであっても、それが明日も保証されているわけではない。動物の猟は不安定なものである。獲物が多い日よりも少ない日のほうが多い。「食糧倉庫」のような森に住むピグミーにとってもいつも必ず獲物が得られるわけではないのだ。となると、分け与える行為には、自分が不猟の日には分け与えてもらえるはずだという期待が伴っているはずである。こうした分配を日々繰り返していれば、長い眼で見れば各自の「収支はとんとんになる」という漠然とした思いがあるはずだ。

ここに述べてきたようなピグミー社会での徹底した分配、それと同様の分配はやはりブッシュマンの社会にも観察される。ブッシュマン社会では動物の猟は男性のみによってなされるのだが、獲物はまず猟に参加した人々の間でなされ、次いでキャンプに戻ってから親族、親しい友人、借りのある人といった具合に分配されていく。そして、肉をもらえなかったり、あるいは分け前の量が充分でないと思う人は、不満の意思表明を大声でし、それに対して分け与える方もいろいろ抵抗するといった丁々発止のやりとりの過程を経て、結局は分配されていくという。大声での要求や抗弁、これはその付近にいる他の人々の耳に届くわけで、こうして皆でそれとなく監視しあっているということなのだろう。それは「所有者」に強欲を生じさせないための一つの仕掛けなのだろうと考えられる。

四——平等に関する心理的仕掛け

「所有者」に強欲を生じさせないための心理的な仕掛け、これについて市川さんは象狩りを例にとても興味深いことを述べている。成人男性の身長が一五〇センチに満たないというピグミーの男性は、時に森林の中を分け入り、巨大な象（世界でもっとも大きな陸上哺乳動物）を狩る。槍を用いる。刃の長さ四〇から五〇センチ、幅の広い部分は一〇センチほどという大きな刃に、彼らの身長ほどの短い柄のついた槍で象を倒すのである。

象狩りはめったにおこなわれないが、象狩りに行くのは男性だけ、それも三、四人の少数で出かける。象狩りのためにけもの道に分け入るピグミー男性の様子については、まことにスリリングで是非、市川さんの著を読んでいただきたいのだが、ともかく象がいる場所まで来ると、いよいよ象を倒す場面で人はどうするのか。槍の刃はとても大きなものだが、それをカミソリの刃のように研ぎ澄ましてある。しかし、象を見つけてその槍を力いっぱい投げつけても象の厚い皮膚を貫くことはできないという。ピグミーの男は、巨大な象にひっそりと近づくと、象の腹の下にもぐりこむようにして、両手で握った槍に渾身の力を込め、下から象の腹に打ち込むのだ。うまく象の腹腔に槍が突き刺さると、象は驚いて逃げる。その途中で槍の柄が木立に引っかかって象の内臓が切り裂かれる。こうなると、たとえ槍が抜けても、象の傷口から内臓（腸）が飛び出し、象は一気に力尽きる。

象の腹の下にまでもぐりこむ勇気、これはピグミーの人にとっても尋常のものではないはずである。象を倒した男性がキャンプに戻るとき、その男性は槍を肩に担いで帰ってくるという。それが象をしとめたという印なのだ。キャンプ全体がはしゃぎ始める。一トン、いや二トンもの肉が手に入るのだ。ところが、象をしとめてキャンプに帰る男性を皆が拍手喝采して迎えるといったことはない。また、当の男性自身、むしろ恥ずかしそうに下を向いて帰ってくるのだという。槍を肩に担いでいるという印がなければ、とうていその人が象を倒したなどとは思えない感じでキャンプに帰ってくるのだという。一挙に、大量の肉をもたら

ピグミーが象を狩る
槍で倒された象。ピグミーは槍で象を狩る。一度に大量の肉が得られる。
写真／市川光雄

したはずの人をキャンプの人々はなぜ誉めたたえないのか。そこで考えてみると、個人に対する過度の賞賛、これはその個人の心におごりを生じさせやすいだろう。それを避けるための演出された感情の抑制、そう解釈されている。市川さんは次のように記している。

ムブティは肉を得るためにゾウを狩るのである。なにも男の度胸や力の証として、ゾウ狩りをやるのではない。そんなものは、現実的なムブティにとっては何の価値もない。彼らは、ゾウを倒した男に感謝するだろう。しかしそれは、彼が大量の肉をもたらしてくれたからなのだ。けっして彼の力や勇気を誉めたたえたりはしない。たとえゾウに接近する勇気をもつ男でも、失敗ばかりしていたのでは、キャンプでゴロゴロしている者同様につまらぬ存在なのである。★7

ついでに記しておくが、象が倒されると、人々は肉をキャンプまで運んでくるよりは、キャンプ全体を象が倒された場所に移動する。何しろ大量の肉なのだ。

ピグミーの象狩りで観察される抑制された喜びの表現は、砂漠地域に暮らすブッシュマン社会でも同様に観察されている。獲物に矢を命中させたハンターが意気揚々とキャンプにもどることは傲慢さの表れとみなされ、嫌われる。ハンターはむしろ憂鬱そうな態度で、それとなくといった態度で周囲のものに猟の成功をほのめかす。さらに、獲物の解体を手伝いに行く男たちは、その獲物の貧弱さを口々に罵るのだという。大きな獲物を前にしてもである。やはり、「手柄」を立てた人の心に生じるかもしれないおごりを前もってくじいておこうという仕掛け、演出なのであろう。★8

五―ピグミーにとっての蜂蜜

　ここでことさらに蜂蜜を話題にするのは、先にも少し触れたがイトゥリの森に住むムブティ・ピグミーの人々は一年のある時期において、日々の食糧のほぼ七割（重量にして）ほどもが蜂蜜で占められるという驚くべき食生活を送るという事実も関わっているが、それよりもやはりこれまでに述べてきた平等主義の重要さが蜂蜜についても観察されるからである。

　カラハリ砂漠に暮らすブッシュマンにとって「真の食物」、つまり彼らがもっとも価値ある食物と考えるのが肉であるのと同様、森の狩猟民ピグミーの人々が「真の食物」と考えるのは蜂蜜なのだという。蜂蜜こそ、ピグミーをもっとも夢中にさせる食べ物だというのである。

　乾季が終わりに近づく二月末になると、イトゥリの森にさまざまな花が咲き始める。三月に入ると樹間を往来するミツバチの姿が目に付くようになり、五月になるとうなりをあげながら移動するミツバチの群れが毎日のように目に入るようになる。そうなると、ピグミーの人々は全く落ち着かなくなるのだという。ネットハンティングの最中でも、誰かがミツバチの巣を見つけたとなると、ハンティングは中止、蜂蜜採りに熱中することになる。

　樹上にミツバチの巣があることを知ると、男は木に登る。巣穴に煙を吹き込んで、ミツバチを燻しだしながら、斧で巣に穴を開け、蜜の詰まった巣脾《そうひ》を取り出す。こうして得られた蜂蜜はその場に居合わせた誰にでも分配される。思うに、こうして口にする蜂蜜は喉が焼けると感じられるほどに甘く、おいしく、人をしてしばし陶然境に遊ばせるほどのものであろう。

蜂蜜採りはそう簡単なことではない。ミツバチは日が昇る前には訪花はしないので、その時刻までにハチの羽音を聞きつければ、そこにはミツバチの巣があることになる。かすかな羽音を頼りに巣のある木に近づき、これと思う木を探し当てると、その幹に耳を当て、巣から羽音の唸りが伝わってくるかどうかを確かめる。聴覚が大事なのだ。巣を見つけると、ピグミーの人は巣がある木の付近の枝を切ったり、切り傷をつけて目印にする。こうして目印をつけられた巣は発見者の「所有」とされ、他の人は許可なく蜂蜜を取り出したりはできない。所有者は好きなときに蜂蜜の採集ができるというわけだ。燃やして煙で燻し出すための枯れ草などの固まり、斧などの道具をもって木の高みに上る。イトゥリの森近辺に住むピグミー以外の人々も蜂蜜が好きなのは同様だが、この人々はまず第一に巣を見つけ出す技術に長けておらず、それに高い木に登るのは苦手で、ミツバチに刺されるのはもっと恐れる。蜂蜜採取はピグミーの独壇場だ。

さて、巣の「所有者」としての印付けと、実際の蜂蜜採集との間にかなりのズレが観察されるという。市川さんが観察した例を記すと、一二日間に合計四九個の巣が切り開かれ、二二九キログラムの蜂蜜が採集された。この四九個の巣のうち、巣の発見者すなわち所有者自身が蜂蜜採集したのは一八個だけだったというのである。巣を発見しても、その蜜を自分で採集することの方がむしろ少ない。自分で発見した巣の蜂蜜は誰か他人に採集してもらい、自分は他人が発見した巣の蜂蜜を採集するという例が多かったというのだ。ずいぶん、錯綜している。

さらに、採集した蜂蜜はキャンプに持ち帰るが、それを自分の家族だけで食べるということは決してない。必ずキャンプにいる他の家族に分配される。しかも、この分配は互いの貸し借り関係に基づいておこなわれるのではなく、蜂蜜が足りない人に分配されるわけでもないというのである。敢えて言うと、自分が持っている蜂蜜を他人にあげ、その他人が持っている蜂蜜をもらう。交換は本来、価値の異なるものを互いに交換し合うことに意義が認められる場合になされるものだ。互いがもっている同じものを交換し合っても仕方がないように思える。しかし、ピグミーの人々はそれをおこなっているわけである。つまり、分配、ないし交換するという行為自体に意味が込められている、あるいは意味が認められている。「君にあげるよ」、「君からもらうよ」という故意の交換を通して互いの依存状態が作り出されている。これは人間の集団としてとても重要なことではないだろうか。

人間の集団というものはややもすれば分裂するかもしれない、むしろ分裂しがちなものである。そのような人間集団にあって、互いに価値あるものを交換し合う、交換を繰り返す、そのことによって互いが互いを必要としているのだという意識をひそかに人々の心にゆきわたらせる。そういうことなのだろう。

六―にぎやかな食卓

にぎやかな食卓。この表現は私自身のものではない。先の第七章、酒について記した章で引用させていただいた寺嶋秀明氏の報告★9のタイトルに使われているものである。市川氏の著においてもピグミーの食はまことに豊かで、「雑食主義者」として紹介されているが、狩猟採集民の食がにぎやかであることには、実は二重の意味があるようだ。一つは、もちろん食の対象になる材料の種類が全く豊かであるということ。ところが、もう一つはこの食材の豊かさに相反するように見える、というより食材が豊かであるからこそなのだと思うが、食物規制、つまりある時、ある場所において、ある人は何々を食べてはいけないといった規制の種類が大変多いのである。

ピグミーの人々が雑食主義者であることについては、特に驚くことでもあるまい。例えばの話であるが、羽化したシロアリ、あるいはその他の昆虫などピグミーの人々は大変好んで食べる。主なものを記すと次のとおりである。

まず、一一月にサバンナから飛んでくるバッタ、これが畑に襲来しているということを聞きつけると、ピグミーの女性や子供たちは農耕民の畑に殺到してバッタをつかまえる。つかまえて食べる。次に、エンジェクという蛾の幼虫。これはある木の枝に電球ほどの大きさの共同繭を作るのだが、この繭の中にエンジェクがぎっしり詰まっている。これを食べる。また、カミキリの幼虫も好まれる。ヤシ酒について記した章（第七章)で述べたが、オオゾウムシの幼虫、これはピグミーにとっても好物である。単に好物というだけでなく、精力剤なのだそうだ。また、森の木の葉につくさまざまな青虫、これの多くもピグミーの食糧になる。もちろん、有毒とされるものもあるが。

熱帯地域の農耕民や狩猟採集民が昆虫を好んで食べることについて、一般には蛋白質の補給のためという見地から説明されることが多い。たとえば、豚や牛など宗教上の教義という見地から説明されやすい食物規制を物質主義的見地から説明してみせるマーヴィン・ハリスは、昆虫食についてもやはり蛋白質の補給という見地から説明している。ハリスによると、欧米人の「昆虫嫌い」は極端らしく、彼の講義では学生に日本のイナゴの缶詰を食べさせたりしたのだそうだが、そうすると多くの学生がひどい病気の兆候を見せることが多かったそうだ。万一、学生が本当に病気になったらイナゴを食わせた教授のみならず、大学までもが裁判所に呼び出されることになると主任教授に言われて、イナゴ食実習はやめたという。★10 いかにもアメリカらしい話である。

ピグミーにもどるが、市川氏の観察するところ、ピグミーが昆虫を好むのは蛋白質うんぬんよりも、要するにおいしいからだという。脂肪と蛋白質が溶け合い、クリーミーな感触はなかなか乙なものであるらしい。ちなみに、ハリスの説明によると、イナゴは乾燥重量の四二パーセントから七六パーセントが蛋白質、六から五〇パーセントが脂肪だという。イエバエのさなぎでも、六三%は蛋白質、一五パーセントが脂肪であり、ミツバチのさなぎともなると乾燥したもので、九〇%以上が蛋白質、八パーセントが脂肪というからうまいはずである。★11 私自身は西アフリカのセネガルの、それも半乾燥のサバンナを生活域にする牧畜民の村で暮らしたことがあるが、そこでは昆虫食は見たことがなく、ほとんど味を知らない。ほとんどというのは学生としてフランスにいた頃、カメルーン人の友人にもらって一度だけ大きなイモムシ状の昆虫を食べたことはあるからである。一度食べただけでは乙なものであるかどうか言う資格はない。

雑食ということについて、イトゥリの森には中・大型の哺乳動物がおよそ五〇種ほど生息するそうだが、ピグミーはこれらすべてを食物として考えている。鳥類については、市川氏が確認した一〇〇種ほどのうち、食物とみなされていないのはツバメ、セキレイ、ヨタカ、フクロウの四種だけだという。なぜ、これらは食物ではないのか。ツバメは彼らのまじないに使われる鳥だから、セキレイは人家に巣を作る鳥だから、フクロウは悪霊の使いだからだと説明された。パイソン、バイパーなどの蛇、亀、ワニ、オオトカゲ、カエルも食べる。魚類(川魚)はすべて食用である。

かくして、ムブティ・ピグミーが食物とする野生動植物を数え上げると三〇〇種以上になるという。全くにぎやかそのものだ。

ところがである。実際に、彼らの日々の生活を支えている食物を見ると、ごく少数の動植物なのである。動物の肉としてはダイカー類の肉が七割から八割を占めている。非常に多くの種類の食材をもってはいるが、日々食するのはむしろ少数の食材であるというのが真実に近いようだ。私が個人的に強い印象を受けるのは、ピグミーの人々がキノコを多種食べているという事実である。ムブティ・ピグミーは二三種ものキノコを食物として利用しているという。★12 キノコ食はまかり間違うと命を失う。彼らの優れた自然観察力はこんなところにも表れていると思う。

多種類の動植物を食物として認知しながら、日常的に食べる食材の数はむしろ少ない。そのことと並行してもう一つ興味深い事実がある。大変多くの食物について、規制がかかっている。つまり、誰もが、いつでも、食物なら何でも食べていいとされているわけではなく、成長段階や性、あるいは個人の状態などによって、何らかの食物を食べてはいけないといった規制が数多くあるというのだ。市川さんが二〇〇種ほどの食物について、丹念に聞き込んでいった結果では、九四種もの食物について何らかの規制がかかっているというのである。

先に、象を倒すほどの勇気をもった男についても、その男が象狩りに失敗ばかりするようでは、全然称賛されたりはしないということを記した。市川さんはピグミーの人々は現実主義者であり、大量の肉が手に入ったことを喜ぶのであり、象を倒すほどの勇気を取り沙汰するわけではないと記している。そういった現実主義者であるピグミーの人も食べ物なら何でも、いつどんなときにも、誰でもが食べていいとは考えていない。食べ物に文化的な意味が込められているからこそ、規制が機能しうるわけである。

イトゥリの森の住民の食を「にぎやかな食卓」としてとらえた寺嶋さん自身、その報告の重点はむしろ食物規制の「にぎやかさ」に関わっている。食材の種類が豊かであること、それは間違いない。同時に、それら多くの食物にさまざまな時点、次元でいろんな規制が課せられている。自然の豊かさと同時に、文化の次元での豊かさ、それら両方の観点からしてにぎやかな食卓なのだ。

◉註

★1―田中二郎『最後の狩猟採集民』どうぶつ社、一九九四年、一一―一三ページ。

★2―菅原和孝『ブッシュマンとして生きる』中公新書、二〇〇四年を参照。

★3―田中氏の記述、リー教授の報告とともに、田中二郎『砂漠の狩人』中央公論社、一九七八年、七六―七七ページを参照。

★4―今村薫「ささやかな饗宴―狩猟採集民ブッシュマンの食物分配―」『続・自然社会の人類学　変貌するアフリカ』田中二郎・掛谷誠・市川光雄・太田至編、アカデミア出版会、一九九六年、六三ページ。

★5―市川光雄『森の狩猟民　ムブティ・ピグミーの生活』人文書院、一九八二年、一八三ページ。

★6―市川、前掲書、五六ページ。

★7―市川、前掲書、九三ページ。

★8―菅原和孝「狩猟採集民―サン社会」『文化人類学を学ぶ人のために』米山俊直・谷泰 編、世界思想社、一九九一年、六六―八二ページを参照。

★9―寺嶋秀明「にぎやかな食卓　イトゥリの森の民にみる動物と食物規制」『続・自然社会の人類学　変貌するアフリカ』田中二郎・掛谷誠・市川光雄・太田至編著、アカデミア出版会、一九九六年、三七三―四〇八ページ。

★10―マーヴィン・ハリス『食と文化の謎　Good to eatの人類学』板橋作美訳、岩波書店、一九八八年。

★11―ハリス、前掲書、二〇四ページ。

★12―丹野正「ムブティ・ピグミーの生活と物質文化」『自然社会の人類学　アフリカに生きる』伊谷純一郎・田中二郎編著、アカデミア出版会、一九八六年、九四ページ。

おわりに

アフリカは、全体として確かに食糧不足の状態にある。それもたぶん、慢性的にというのが正しいだろう。特に、サヘルと呼ばれる半乾燥の地域では降雨の少なさに悩まされている。たまさかに降雨が順調な年には、バッタの大群が襲来し、収穫前の作物を壊滅させたりもする。自然環境の厳しさ、これは確かに認めなければならない。

ただし、別の要因もある。人口増加率の高さも一つの重大問題というべきだろう。アフリカのほとんどの国では人口増加率は年三パーセントに近い。現在の人口が二二年から二四年ほどで倍に増えるというこのスピードは容易ならざるものである。人口の増加に見合った食糧増産をどうやって保証するか。

本書では、アフリカ全体を見渡しつつ、特にセネガルの食文化について詳しく記した。セネガルでは米が大量に食べられている。しかし、セネガルの都市部の人々が米を食べるようになったのは一九世紀末に植民地化されてからであり、それも第二次大戦後、急激にその傾向を強めている。米はすでに精米された状態で輸入され、販売されるので、それを食べる方は料理さえすればよい。伝統的な雑穀食に比べると、自分たちで臼、杵で搗くという作業をしないでよいという利点があることになる。米を食べる人々はセネガル以外の地域でも、今後ますます増えていくと予想される。

それに対して、西アフリカでは「ネリカ米」(Nerica)と称される新品種の米が開発されている。ネリカとは、New Rice for Africaをつづめて作られた造語である。収量が多く、しかも虫害や干害に強い品種だといわれる。人々の強い期待が込められている。

すでにお気づきのとおり、本書はアフリカ各地の「食文化」のあり方を紹介、記述したものである。食糧問題を論ずるものではない。食糧問題については数多くの研究書、研究論文が発表されている。ここではアフリカの食の多彩な面に注目していただきたい。

セネガルの米料理はなかなかに豊かなものであることを理解していただけたかと思う。米料理は伝統的な雑穀食に比べると新しいものではあるが、そこには私が言うところのアフリカの食の「三原則」が反映されていた。くどいようだが、私が言うところの三原則とは、まず基盤食物とおかずが一体化したものとして供されることが多いこと、次いで噛むのではなく飲むものだということ、そして熱くなければならないの三つである。

本書において、私たちはこの三原則がどうもうまく当てはまらない食文化をもつ人々についても見てきた。もっとも典型的には狩猟採集を主とする人々の食文化は三原則からかなり大きくはずれるようだ。それにエチオピアの名物料理インジェラも三原則から外れそうだ。コートディヴォアール南部沿岸地域で食べられているアチェケは日本人にとってのご飯とみそ汁のように基盤食物とおかずとを交互に口に運ぶのが基本といい、どうも私の三原則からは少し外れる。

では、サハラ以南のアフリカ地域全体を見回してみて、私が言うところの三原則はどのぐらいの妥当性を持つだろうか。この点については、それぞれの社会での食のあり方をしらみつぶしに調べた上でないと正確なことはいえないわけだが、ざっと見回したところ、多分地域的にも人口的にも五分の四、いやもっと言えば六分の五ぐらいの範囲で妥当性を持つと思う。これだけの地域、人々に妥当であれば、ともかく「原則」と記しても問題はないのではないだろうか。誤解のないように、もう一度だけ記しておきたいのだが、私が言うところの三原則は一日の食事の中でももっとも中心的な食事に当てはまる。朝食やおやつは別である。

本文中でも記したが、広大なアフリカ大陸の数多くの社会での食文化について、私一人ですべてを調べることなど、無理な話である。多くの方々の報告やご教示にお世話になった。ここで改めて御礼を申し上げたい。セネガルに関する数章の記述はともかく私が調べたことに立脚しているが、その他の地域での食文化に関する記述はそれぞれの地域を研究しておられる友人や先輩諸氏の功績である。

セネガルでの調査から得られた資料については、過去数年にわたる調査の結果が含まれている。あまりに過去までさかのぼるのも煩雑になるかと思うが、一九九〇年代以降の調査についての資金の出所は次に記すとおりである。

一九九三年七月一八日から九月二三日
「アフリカ諸社会における女性の比較研究—性差の伝統的構造と現代的対応」（研究代表者：和田正平　国立民族学博物館教授）文部省科学研究費補助金海外学術調査。
一九九四年八月五日から九月二五日
「アフリカ諸社会における女性の比較研究—性差の伝統的構造と現代的対応」（研究代表者：和田正平　国立民族学博物館教授）文部省科学研究費補助金海外学術調査。
一九九五年七月二一日から九月一六日
「アフリカにおける民族技術の伝統と変容」（研究代表者：和田正平　国立民族学博物館教授）文部省科学研究費補

助金海外学術調査。

二〇〇三年二月五日から三月一六日

「資源の分配と共有に関する人類学的統合領域の構築―象徴系と生態系の連関をとおして―」(研究代表者:内堀基光　東京外国語大学アジア・アフリカ言語文化研究所教授)文部科学省科学研究費補助金特定領域研究。

貴重な写真資料を快く貸与してくださった竹井恵美子氏、重田眞義氏、市川光雄氏はいずれも私が親しくしている友人諸氏であるが、各氏の研究は私などが及びもつかない優れたものである。お借りした写真はいずれも滅多に目にすることのできない貴重なものであることは写真を目になさった読者にはすぐにご理解いただけることと思う。改めて諸氏に心からの御礼を申し上げる。(なお、撮影者名が記されていない写真は、全て著者小川了撮影のものである。)　財団法人味の素食の文化センターライブラリー、及び日本貿易振興機構　アジア経済研究所図書館には資料に関して大変お世話になった。記してお礼申し上げる。

編集実務に関しては農文協の山口稔喜氏の丹念なご努力にお世話になった。併せて御礼申し上げる。

二〇〇四年七月

監修にあたって

石毛直道

食は文化を映す鏡である。

台所の食材には、地域の環境と生産様式が反映されている。台所用具や料理法には、民族の伝統的技術が集約されている。食卓での作法には伝統的な人間関係のルールや宗教が顔をのぞかせ、冠婚葬祭や年中行事も食事の場に象徴される。作物や家畜のおおくは歴史的な異文化交流によってもたらされたものである。基本的な人間活動である食のあり方をみることによって、地域や社会を理解することができる。

台所と食卓から世界を読み解こうというのが、この『世界の食文化』シリーズである。各地域の食生活について紹介するだけではなく、食を切り口にしてみえてくる地域や民族の文化についての考察を試みている。

地域別に構成された各巻の執筆者は、それぞれの地域での生活体験をもつ第一線の研究者たちである。さまざまな専門領域から、わかりやすく食を論じた論考には、従来日本人がそれぞれの地域にいだいてきた常識をくつがえす問題意識がふくまれている。

各巻に共通するテーマとしては、それぞれの地域における現代の食文化の特色を基軸に、その形成過程を歴史的にとらえ、食文化の伝統と変化を描きだすことである。

したがって、各巻をそれぞれの地域の生活文化論として、独立した単行本として読むこともできるし、全巻を通覧、比較することによって、グローバル化時代の食の文明論として読むことも可能である。

この企画を構想するにあたって、財団法人味の素食の文化センターの御協力を頂いた。記して感謝の意を表したい。

小川 了（おがわりょう）

一九四四年台湾・基隆生まれ。上智大学外国語学部卒業。

パリ大学第5人文社会系民族学科博士課程単位取得。文学博士（総合研究大学院大学）

東京外国語大学アジア・アフリカ言語文化研究所教授。

著書に『トリックスター——演技としての悪の構造』（海鳴社）、

『サヘルに暮らす——西アフリカ・フルベ民族誌』（日本放送出版協会）、

『可能性としての国家誌——現代アフリカ国家の人と宗教』（世界思想社）、

『奴隷商人ソニエ——18世紀フランスの奴隷交易とアフリカ社会』（山川出版社）などがある。

世界の食文化——⑪ アフリカ

二〇〇四年一〇月二二日　初版第一刷発行

著者——小川　了

ブックデザイン——杉浦康平＋佐藤篤司　〈協力〉——副田和泉子＋島田薫　**本文組版**——東京印書館　**地図制作**——白砂昭義

発行所——社団法人農山漁村文化協会　〒一〇七-八六六八　東京都港区赤坂七丁目六-一　**URL**——http://www.ruralnet.or.jp/

電話——〇三-三五八五-一一四一（営業）　〇三-三五八五-一一四五（編集）　**FAX**——〇三-三五八九-一三八七　**振替**——〇〇一二〇-三-一四四四七八

印刷・製本——株式会社東京印書館

ISBN4-540-04087-1　〈検印廃止〉 ©Ryo Ogawa 2004 Printed in Japan

定価はカバーに表示。乱丁・落丁本はお取り替えいたします。

日常茶飯事ともみえる「食」の文化を発見！

講座 食の文化［全7巻］

モノからこころへ　過去から未来へ

発行…（財団法人）味の素食の文化センター
発売…（社団法人）農山漁村文化協会
監修…石毛直道
菊判・上製、各巻平均四〇〇頁・カラー一二四頁
定価＝各六、八〇〇円　揃価＝四七、六〇〇円

石毛直道氏を中心に専門を超えて約20の分野の研究者が集い、食の営みを多角的に捉えた「食の文化フォーラム」十数年間の成果を集大成。

学問分野として軽視されがちだった食文化に関する総合的な研究体系を、国内では初めて提示した画期的な企画。

❶人類の食文化（責任編集…吉田集而）
❷日本の食事文化（責任編集…熊倉功夫）
❸調理とたべもの（責任編集…杉田浩一）
❹家庭の食事空間（責任編集…山口昌伴）
❺食の情報化（責任編集…井上忠司）
❻食の思想と行動（責任編集…豊川裕之）
❼食のゆくえ（責任編集…田村眞八郎）